한의사 임형택 박사의 청소년 심리백과
10대의 속마음

한의사 임형택 박사의 청소년 심리백과

10대의 속마음

임형택 지음

도어북

임형택 박사를 먼저 만난 부모와 청소년들의 추천사

학부모들에게 큰 도움이 되는 좋은 말씀 감사합니다. 편안한 환경과 건강에 도움 되는 음식, 그리고 다정한 관심과 대화 등 생활 속에서 실천하면 우리 아이들에게 많은 도움이 될 것 같습니다. 박사님 말씀대로 따뜻한 말 한마디와 함께 음식이나 환경, 지압법 등으로 아이들이 편안해질 수 있도록 돕겠습니다.
- madebyha

인생의 첫 번째 고비를 넘는 우리 아이들, 부모가 페이스 조절을 위한 페이스 메이커가 되는 것이야말로 목표를 향해 가는 지름길이라 생각됩니다. 여기에 충분한 영양섭취를 위한 정성 어린 엄마의 손길이 필요하며 심리상담사가 되어 아이가 무얼 힘들어하는지 아이의 눈높이에서 이해하며 다가갈 때 좋은 결과가 나오리라 생각됩니다. - julin20

아이가 먹는 걸로 애 안 먹이고 잘 크는 것만으로도 감사한 일이라는 생각이 드네요. 부모 입장에서는 아이들이 밥 잘 안 먹는 게 젤 큰 고민이죠. 그런 부모님들께 큰 도움이 되는 책 같습니다. - teantreedm

아직 어린 아이들이 외모 때문에 상처를 주고받는 일이 생기는 안타까운 사회, 참 마음 아프네요. 냉장고를 비우기보다는 건강한 재료로 채우고 함께 장보러 나가보라는 처방전이 마음을 따뜻하게 합니다. 고맙습니다! - nutrasc

고3 학생이에요 안 그래도 공부가 안 될 때는 뭐든지 반복적으로 확인하고 집착하는 강박증이 있었는데, 박사님께서 가르쳐주신 대로 내관혈을 지압하고 나니 조금 나아지는 느낌이 들어요. 마음도 한결 편안해졌습니다. 좋은 책 감사합니다. - wlsgk1513

저희 부모님께서 직접 "괜찮다"고 말씀해주신 것은 아니지만 박사님의 책을 읽는 것만으로도 많은 위로가 되네요. 감사합니다. - sayhs112

서문

몸과 마음을 하나로 보는 근본치료

한방 신경정신과는 생소하다는 분이 아직 많습니다. 우울증이나 불면증이 있으면 그저 정신과에 가서 양약을 처방받아 먹는 것이 전부인 줄만 알았는데 한방으로도 마음의 병을 치료할 수 있다는 사실이 새롭다고들 하시지요.

정신과에 기록이 남는 것이 싫어서, 혹은 양약이 몸에 좋지 않을 것 같아서, 정신과에 가자고 하면 아이가 너무 겁을 먹어서 등등 여러 가지 이유로 한방 신경정신과를 찾는 분이 점점 많아지고 있습니다.

그런데 부모님이나 아이들을 만나 상담을 하다보면 정신과에 대한 반감이나 막연한 두려움보다 한방 치료에 대한 기대가 남달라서 찾아온 분이 의외로 많습니다. 한방에서는 증상의 뿌리인 심장을 다스리는 근본치료를 통해 몸과 마음을 하나로 보고 세심하게 접근하는 통합치료를 추구한다는 것을 알고 오신 것이지요.

스스로 혹은 주변에 누군가의 도움이 절실히 필요한 분이 있다면, 하지만 정신과에 가거나 신경안정제를 먹는 것이 꺼려지고 불안한 분이 있다면 꼭 말씀드리고 싶습니다. 근본적인 원인을 찾아 세심하게 치료한다면 반드시 모든 마음의 병이 치료될 수 있다는 사실을요.

지난 10년간 마음이 아프고 다친 수많은 분들을 만나고 이야기를 나눴습니다. 한치 앞도 보이지 않는다고 절망하는 분들께 세상을 향한 용기 있는 단 한 걸음이라도 뗄 수 있도록 해드릴 수 있다면 한의사로서 더 이상 바랄 것이 없습니다. 이것이 한의사로서 저의 소명이자 소망입니다.

특히 10대 청소년들을 보면 유독 마음이 갑니다. 저 또한 아이를 키우다 아빠이다 보니 의사와 환자로 마주할 뿐만 아니라 우리 아이의 속마음을 들여다보는 것 같고, 과거의 저를 만나 다시금 상처를 어루만질 기회를 얻는 것처럼 뭉클한 감정에 휩싸이곤 합니다.

모쪼록 이 책이 아파하는 우리 아이들에게 조금이라도 도움이 되기를 바랍니다. 또한 한방 신경정신과 치료의 원리에 대한 이해를 돕고 믿음을 드리는 데 작으나마 역할을 할 수 있기를 기대합니다. 고맙습니다.

임형택 (한의학 박사, 자하연한의원 원장)

차례

임형택 박사를 먼저 만난 부모와 청소년들의 추천사　4
서문 | 몸과 마음을 하나로 보는 근본치료　6
프롤로그 | 우리 아이, 지금 이대로 괜찮은 걸까?　12

Part 1

심리적인 문제가
몸으로 나타나는 아이들

체력이 약하고 기운이 없어요　22
머리 아프다는 얘기를 자주 해요　32
시험 때마다 복통을 호소해요　44
땀을 너무 많이 흘려요　53
코피를 자주 흘려요　67
이것저것 닥치는 대로 먹어요　73
밥을 도통 안 먹으려 들어요　84
소화가 안 되고 잘 체해요　94

날씨와 상관없이 손발이 너무 차요   106
생리통이 너무 심해요   115
일 년 내내 감기를 달고 살아요   124
갑자기 틱 장애가 생겼어요   133

Part 2

마음이 아픈 아이들

무기력하고 우울해해요   144
밤에 잠을 잘 못 자요   153
툭하면 부모에게 화를 내요   161
책상에 앉아서 딴짓만 해요   169
주의가 산만하고 집중을 못해요   178
하루 종일 게임만 해요   188
학교에 가기 싫어해요   197
공황발작을 일으킨 적이 있어요   207
외모에 지나치게 집착해요   218

Part 3

현실적인 문제로 고민하는 아이들

친구가 없고 집에만 있어요   230

이사나 전학 때문에 불안해해요   235

집안에 경제적인 어려움이 생겼어요   238

갑자기 성적이 떨어졌어요   241

친구들에게 괴롭힘을 당하고 있어요   245

가족 중에 아픈 사람이 있어요   249

가정불화 때문에 고통스러워해요   253

Part 4

마음의 힘을 되찾은 아이들

과열된 심장에는 휴식을, 허약한 심장에는 충전을   258

청소년 화병 | 만만한 부모에게 모든 화를 쏟아 부어요   262

시험불안 | 공부를 잘하는데도 시험만 보면 너무 긴장해요   267

사춘기 짝사랑 | 영어시험에서 백지 답안지를 내고 왔어요   273

고3병 | 학교에 다니기 힘들 정도로 온몸이 아파요   277

청소년 학습장애 | 게임에 빠져 공부를 놓아버렸어요   281
틱 장애 | 갑자기 성적이 떨어지며 틱 증상이 생겼어요   287
폭식증 | 학교도 안 가고, 먹고 토하기를 반복해요   292
수험생 강박증 | 수학 때문에 시험만 다가오면 불안해해요   296

Part 5
마음의 힘을 키우는 훈련

아이의 자신감을 높여주려면   302
자신을 사랑하는 아이로 키우려면   307
아이가 꿈을 찾도록 돕고 싶다면   311
아이의 목표 달성을 응원하려면   313
소심한 성격이 고민이라면   316
이기적인 마음을 고쳐주려면   320
주변상황에 흔들리지 않는 아이로 키우려면   323

❈ 프롤로그

우리 아이, 지금 이대로 괜찮은 걸까?

언제부터 배움을 위한 '학교'에 들어가는 것조차 '경쟁'이라는 단어를 붙이게 되었을까요. 대학입시 경쟁뿐만이 아닙니다. 세상 빛을 본 지 몇 년 되지 않은 어린이들도 이제는 경쟁이라는 단어에서 자유로울 수 없는 것이 현실이니까요.

혹자는 자본주의가 그렇게 만들었다 하고, 혹자는 빠른 시일 내 성장을 이룬 한국 사회의 특성이라고도 합니다. 하지만 무엇보다 1등이 아니면 인간답게 살 수 없다고 생각하는 부모님들의 왜곡된 자식사랑이 직접적인 이유가 아닐까, 조심스럽게 생각해보게 됩니다.

'1등'이란 가장 잘하는 단 한 명을 말합니다. 세상에는 70억 명의 사람이 살고 있고, 작은 학교 하나만 해도 수백 명의 학생이 있습니다. 그중에서 1등은 아주 소수일 수밖에 없지요.

하지만 우리 부모들은 그 당연한 이치를 망각하곤 합니다. 내 아이만은 무조건 그 소수 안에 들어야 한다는 생각에 빠지는 것이지요. 모든 부모가 다 그런 생각을 하니 모든 아이가 1등을 향해 가는 방법만 강요당하며 자랍니다. 다양한 재능과 가능성을 타고난 소중한 아이들이거늘, 그 모든 것을 무시당한 채 그저 시험에서 1등하는 것에만 전력을 다하게 되지요.

타고난 재능이 다르기에 최선을 다해도 1등을 할 수 없는 아이들이 태반입니다. 결국 대부분의 아이들은 자신이 오를 수 없는 곳에 다다르기 위해 죽을힘을 다해 노력하다가 너무 어린 나이에 실패와 좌절을 배우기도 합니다.

저 또한 학부모입니다. 제 나이 또래는 대부분 그렇지요. 적게는 초등학생, 많게는 대학을 준비하는 수험생의 부모도 있을 것입니다. 그러니 잘 아시겠지요. 우리가 어릴 때는 어땠는지요. 잠시 함께 되돌아보면서 우리 아이들이 얼마나 힘들고 어려운 환경에서 공부하고 있는지, 우리가 부모로서 해줘야 할 일이 무엇인지 다시 한 번 생각해보는 시간을 가져보겠습니다.

우리가 대학을 준비하던 시절에는 고3 때 1년만 열심히 공부하면 원하는 대학 근처에는 다다를 수 있었습니다. 하지만 지금은 그런 일은 상상할 수도 없지요. 완벽히 양극화가 되어 있습니다. 강남의 내로라하는 명문학교들을 다니면서 반에서 상위권을 유지해야 겨우 서울에 있는 대학을 갈 수 있습니다. 6년 동안 한 번도 어긋남 없이 부모님 말씀에 순종하면서 오직 공부에만 매진해야 겨우 얻을 수 있는 결과지요.

사춘기를 조금 심하게 겪거나, 좋아하는 연예인에게 빠지거나, 친구들한테 잠시 따돌림을 당하는 등 아이들에게 으레 있을 수 있는 자연스러운 사건들이 한 번만 생겨도 희망하는 대학을 가기란 너무나 힘든 것이 현실입니다.

인생에서는 그 나이에 겪을 수 있는 소중한 일들이 있기 마련입니다. 짝사랑의 추억도, 친구들과의 우정도 성장기 아이들에겐 꼭 필요한 과정입니다. 우리 부모들이 말하는 보장된 미래가 그것들까지 되돌려주지는 않으니까요. 자연스럽고 소중한 많은 것들을 포기하고 공부하는 기계로 자라는 아이들의 미래는 과연 행복할까요? 학벌과 돈만으로는 결코 행복이 보장되지 않는다는 사실 또한 우리가 기억해야 할 진리입니다.

치료를 받으러 오는 많은 학생들과 부모님들을 만납니다. 부모님들이 가장 걱정하는 것 중 하나가 아이가 학교가 가지 않는다는 것이지요. 우리가 어릴 때는 학교에 가지 않는 것은 상상도 할 수 없는 일이었습니다. 학교를 중퇴하거나 전학을 가는 경우도 매우 드물었지요.

하지만 지금은 너무나 비일비재한 일입니다. 학교를 가지 않는 것이 매우 흔하고, 크게 흉도 되지 않을 만큼 우리나라의 교육제도는 변해왔고 달라졌습니다. 예체능이나 유학 등의 이유로 자퇴를 하는 학생들이 수도 없이 많아졌기 때문에 자퇴를 한다고 해도 별다른 불이익이 없습니다.

그러니 아이가 학교가 가지 않는 것에 대해 불안해할 필요는 없습니다. 다만 우리 아이의 타고난 재능에 맞도록, 최소한의 기회를 만날 수 있는 길을 찾아주는 것이 부모로서 우리가 해야 하는 가장 중요한 일입니다.

그리고 물론, 그 길을 열어주기 위한 조금은 구체적인 솔루션도 필요합니다. 비록 저도 부족함 많은 부모지만, 수많은 환자들을 만나면서 배우고 경험한 것을 나눠드리고자 합니다. 작은 도움이라도 되어드리고 싶어서요. 그러니 자녀가 따돌림이나 유학 실패로 지금은 학교를 다니지 않거나 미래가 보이지 않는 것 같다면, 제 이야기를 조금만 들어주시기 바랍니다. 이것은 매우 현실적인 이야기이기도 하니까요.

평소에 공부를 스스로 잘하는 아이

가장 먼저 우리 아이가 자기 의지로 공부를 어느 정도 하는지 파악해보세요. 공부 또한 재능입니다. 타고난 재능에 따라 갈 길을 달리 열어줘야 합니다. 그러니 냉정하게 판단하는 마음도 중요하겠지요. 이런 아이는 마음을 편하게 해주고 생활관리만 잘 해주면 됩니다. 만약 공부를 잘하던 아이가 어떤 사건으로 인해 지금은 학교에 다니지 않는다 하더라도 크게 걱정할 필요가 없습니다. 검정고시를 어렵지 않게 붙을 수 있기 때문입니다. 검정고시만 붙고 나면 대학은 얼마든지 갈 수 있습니다.

그러니 지금 학교에 가지 않는 것에 대해 스트레스를 주거나 공부에 대해 지나치게 잔소리를 하는 것은, 스스로 잘할 수 있는 아이에게는 오히려 독이 될 뿐입니다. 아이 스스로 자신의 길을 생각하고 개척해 갈 수 있는 힘이 있다는 사실을 믿어주세요. "아빠 엄마는 언제나 너를 믿는다"는 메시지는 아이에게 가장 큰 위로와 약이 됩니다.

다만, 공부를 열심히 하다보면 신체에 여러 가지 문제가 생기기 마련인데요. 자주 졸리거나 쉽게 지치고 기억력이 떨어지는 것이 대표적입니다. 시험과 경쟁에 집중하다보니, 무기력하거나 불안해지기도 하고 손에 땀이 나고 시험에 어이없는 실수가 반복되기도 합니다. 두통,

생리통 등이 심해지기도 하지요. 이런 증상들이 없는지 항상 신경 쓰고 먹는 음식과 환경에 신경써주는 것이 좋습니다.

공부에 소질이 없거나 하기 싫어하는 아이

중위권 이하의 아이들은 검정고시를 봐서 붙을 수 있는지, 검정고시를 보기도 힘든 상황인지 파악하는 것이 우선입니다. 예를 들어, 40명 정원에서 15등까지는 조금만 노력하면 검정고시에 붙을 가능성이 높지요. 앞에서도 말했지만, 사실 이런 아이들은 걱정할 필요가 없습니다. 검정고시 보고 대학에 가면 되니까요.

문제는 검정고시 학원을 다닌다고 해도 검정고시에 붙을 수 있을지 장담할 수 없는 나머지 아이들입니다. 그럴 때는 아무래도 학교에 다니게 하는 것이 좋은 방법입니다. 고등학교를 졸업할 수 있느냐 없느냐는 매우 중요한 문제이기 때문입니다.

사실 요즘, 누구나 대학은 갈 수 있습니다. 어떤 대학을 가느냐의 문제일 뿐이지, 대학을 가는 것 자체는 어려운 일이 아니니까요. 하지만 고등학교를 졸업하지 못하면 그 대학마저 갈 수 없습니다. 일반적인 아이들에게 고등학교를 졸업하는 것과 그렇지 않은 것은 성인이 되어 사회로 나갔을 때 얻을 수 있는 수많은 기회를 얻을 수 있는가 없는가의 중요한 문제입니다.

의외로 부모들이 잘 모르는 사실이 있습니다. 검정고시를 본 후 대학에 원서를 넣어도 입학하는 데는 큰 문제가 없다는 사실입니다. 작년에 제가 치료했던 학생 중 검정고시만 봐서 대학에 입학한 친구가 5명입니다. 수능은 아예 치르지를 못했습니다. 하나같이 대학은 꿈도 꿀 수 없을 만큼 심한 우울증과 강박증으로 부모님들의 걱정과 본인의 좌절감이 심각했던 아이들이었습니다.

그중 한 학생은 대학생활을 과연 할 수 있을까 싶을 정도로 심한 정신분열을 경험했고, 치료가 되었지만 회복이 덜된 친구였습니다. 하지만 검정고시를 볼 정도는 되었습니다. 그 아이는 결국 경기도의 어느 대학 전망 있는 학과에 수시전형으로 합격했고 그 앞에 놓인 수많은 기회들을 만나고 있습니다. 인생이 끝났다고 생각했던 시간이 있었지만, 지금은 다른 친구들과 함께 캠퍼스를 누비며 내일을 꿈꿀 수 있게 된 것이지요.

또 어떤 아이는 고등학교 때 중퇴를 하고 검정고시에 합격해 수능점수 없이 지원할 수 있는 항공운항과에 입학하기도 했습니다. 예쁘고 날씬한 친구라 조금만 노력하면 승무원이 될 수 있을 거라고 저와 함께 희망에 부풀었는데 오히려 부모님은 아이를 믿어주지 않았지요. 부모님과의 갈등은 깊어만 가고, 결국 부모님이 원서비조차 주지 않아 고민하는 그 아이에게 저는 기꺼이 원서비를 지원해주기도 했습니다. 이후로 다시 만나보지는 못했지만 중요한 것은 다 끝났다고 생각했던 어린 인생에 '희망'이 생겼다는 사실입니다.

목표를 조금만 낮추면 훨씬 즐겁게 공부할 수 있어요

좋은 대학을 갈 수 있는 학생은 어차피 너무나 소수입니다. 하지만 '그냥' 갈 수 있는 대학은 참 많습니다. 그리고 대학을 가는 것만으로도 인생에 수많은 기회가 열립니다. 수능은 초등학교 때부터 10년이 넘도록 해온 공부의 결과입니다. 그래서 너무나 힘들고 어렵습니다. 더군다나 여러 가지 과목을 모두 잘한다는 것은 결코 쉬운 일이 아닙니다. 그 민감한 사춘기까지 겪어가면서 말이지요.

하지만 대학은 다릅니다. 비슷한 수준의 친구들끼리 경쟁하기 때문에 얼마든지 두각을 나타낼 수도 있습니다. 전공과 영어공부에만 매진하면 되기에 노력 여하에 따라 자신감도 높아질 수 있습니다. 성실한 여자 친구를 만나거나 우연히 들어간 동아리에서 자신의 또 다른 재능과 미래를 발견할 수도 있습니다.

이런 것들을 모두 배제한다 하더라도, 내가 어딘가에 소속되어 있다는 느낌, 그 소속감 하나만으로도 4년이라는 시간을 버틸 수 있는 힘이 생깁니다. 그 시간 동안 또 다른 기회들을 접할 수 있는 여유를 가질 수도 있습니다.

'대학' 자체를 목표로 하면 수능도 어렵지 않습니다. 좋은 대학을 목표로 하기 때문에 어려울 뿐입니다. 인생은 길고 길지요. 저도 스물여섯 살에야 한의대에 가는 기회를 얻었습니다. 그 기회를 얻기까지는 마음에 들지 않는 학교에 다녀야 했지요. 다니고 싶었던 학교는 아니었지만 어쩔 수 없이 다녔던 그곳에서 저는 자연스럽게 한의사가 될 기회를 만날 수 있었습니다.

대부분의 사람들은 당장 눈앞에 보이는 큰것을 얻고 싶어 합니다. 목표점이 어디든, 우선 한 계단부터 올라서야 한다는 사실은 잘 모르고 있지요. 별을 따려면 일단 지붕 위에라도 올라가야 별에게 그만큼 가까워지는 법입니다.

그렇게 한 계단부터 시작하다보면 기회가 주어지고 어느새 목표에 가까이 와 있는 자신을 발견하게 될 것입니다. 세상의 수많은 위인들이 그러했고, 수많은 유명인들이 그런 과정을 겪었습니다. 한 번에 되는 것은 없습니다. 그러니 아이가 부모의 바람대로 되지 않는다고 해서 불안해하고 전전긍긍한다면 아이는 그런 부모를 보며 더욱더 불안하고 초조해질 뿐입니다.

지금 당장 할 수 있는 것부터 찬찬히 할 수 있도록 격려해주세요. 적금을 쌓듯이 세월 속에서 조금씩, 조금씩 성장할 수 있는 방법은 너무나 많습니다. 그걸 짧은 시간 동안 한 번에 이뤄내려고 한다면 천천히 가는 것과는 비교할 수 없는 고통이 따르는 것이 당연합니다. 내 아이가 할 수 있는 것부터 하나하나, 그렇게 한 계단을 오르는 것의 소중함을 알려주는 부모가 되시길 바랍니다. 어느새 스스로 한 계단, 한 계단 오르며 누구보다 행복하게 살고 있는 내 아이의 웃는 얼굴을 보게 될 테니까요.

관대함으로 이해하고 감싸주는 것이 어른의 역할이라고 생각합니다. 그것이 부모란 이름입니다.

Part
1

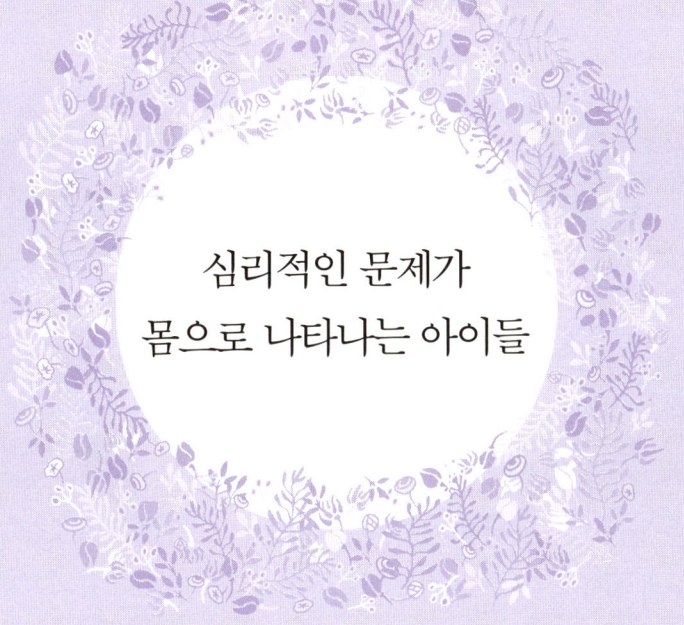

심리적인 문제가
몸으로 나타나는 아이들

체력이 약하고 기운이 없어요

친구들에 비해 비교적 쉽게 체력이 떨어지는 아이들은 소음인 계열에 얼굴이 하얗고 차분한 성격인 경우가 많습니다. 어른들도 마찬가지인데요, 대개 이런 성향을 가진 사람은 육체노동보다는 정신노동을 하는 경우가 많습니다.

잘 안 먹고, 타고나길 약하게 타고난 경우가 아니라면 공부하는 아이들의 체력이 갑자기 쇠하는 원인은 사실 한 가지입니다. 자기가 갖고 있는 체력보다 공부를 너무 많이 해서 그런 것이죠.

"너희 반 반장은 5시간 자고 공부한다더라. 넌 왜 그렇게 잠이 많니? 잘 잠 다 자고 공부는 언제 해?"

이렇게 얘기해 본 적 있으신가요? 이건 정말 모르고 하는 소리입니다. 사람마다 에너지가 충전되는 시간이 다르거든요. 친구들이 밤새 공부한다고 해서 우리 아이도 그럴 수 있는 건 아닙니다. 또 그래야 하는 것도 아니고요. 피곤하고 지치는 걸 참고 잠을 줄여가며 공부를 하면 공부가 잘 되기는커녕 오히려 집중력만 떨어지고 결국엔 건강까지 망쳐서 책상 앞에 앉아 있기도 힘든 상태가 되고 맙니다.

에너지 충전과 소진의 페이스 관리가 필수
SOLUTION 쉴 시간, 잠잘 시간을 주세요

부모님의 기대가 큰 아이들을 보면, 대개 공부를 곧잘 합니다. 그러니 '조금만 더 노력하면 성적이 확 오를 것 같은데……' 하는 생각에 자꾸 아이를 다그치는 거죠. 또 부모님이나 선생님의 강요가 없어도 스스로 자신을 채찍질하는 아이들도 많습니다. 성취동기가 강한 아이들이죠. 하지만 공부는 욕심만으로 할 수 있는 게 아니잖아요. 공부야말로 체력전입니다. 자기 체력을 넘어서 과하게 달리다보면 결국 에너지가 고갈되고 맙니다.

이런 아이들에게 가장 먼저 해줘야 할 일은 충전할 수 있는 시간을 주는 것입니다. 충전이란 무엇일까요? 너무도 쉬운 답, 공부를 안 하는 것입니다. 책을 덮고 책상에서 일어나 밖에 나가서 놀고, 운동을 하고, 잠을 자는 것입니다. 그런데 요즘은 부모도, 아이 스스로도 그걸 용납하지 못하는 것 같습니다. 불안하기 때문입니다. 중간고사가 코앞이거나 입시가 머지않았는데, 충전이 필요하다고 해서 책을 덮고 일어서는 것은 생각처럼 쉬운 일이 아니지요.

하지만 다른 건 몰라도 잠만은 절대 포기할 수 없습니다. 잠은 공부할 수 있는 에너지를 충전할 수 있는 가장 좋은 방법이거든요. 부모님들이 에너지 분배 계획을 잘 짜주셔야 합니다. 마라톤 선수 옆에 딱 붙어서 페이스 조절을 해주는 페이스메이커처럼, 부모는 아이의 에너지 소진과 충전을 관리하며 공부 페이스를 조절하는 페이스메이커가 되어야 합니다.

탄력적인 페이스 조절이 중요
SOLUTION   스스로 조절하는 힘을 기를 수 있게 도와주세요

공부는 100미터 달리기보다 마라톤처럼 해야 합니다. 초반에 너무 세게 달리다가 지치는 것보다는 파도를 타듯이 완만한 곡선을 그리면서 조절하는 것이 좋습니다. 시험이 가까워지면 속도를 높여서 좀 더 빨리 달려주고, 시험이 끝나면 릴렉스 타임을 가지며 푹 쉬어주고, 또 평소에는 7시간씩 자주고, 시험이 가까워 오면 잠을 조금 줄여주고…… 이런 식으로 말이죠. 5시간 자고 남은 시간을 피곤하게 보내는 것보다는 7시간 자고 남은 시간을 또렷한 정신으로 공부하는 게 효율 면에서도 훨씬 나은 선택입니다.

이렇게 페이스를 탄력적으로 운영할 수 있느냐 그렇지 못하느냐에 따라 승패가 좌우됩니다. 결국 안 지치는 사람이 이기는 싸움입니다. 그래서 유연함이 중요합니다. 부모님부터 여유를 가지시고, 아이들에게도 이런 점을 잘 설명해주세요. 부모님이 유연한 생각을 갖고 있으면 아이들도 점차 자신의 페이스를 스스로 조절할 수 있는 힘을 기를 수 있게 된답니다.

성적과 체력의 상관관계

"우리 아이는 공부도 못하고, 그렇게 열심히 하지도 않는데 최근 들어 체력이 급격히 떨어진 것 같아요."

이런 분도 있습니다. 그렇다면 다음 두 가지 경우일 수 있습니다. 첫째는 정말 어딘가 몸이 아파서 나타나는 증상일 수 있고, 둘째는 마음이 아프다는 신호일 수 있습니다. 이 두 가지가 아니라면 밤에 잠 안 자고 뭔가를 하겠지요. 게임이나 동영상이나 채팅이나 뭐, 그런 것들 말입니다.

첫 번째 경우가 의심된다면 전문의에게 진료를 받아보게 하는 것이 좋고, 두 번째 경우라면 부모님의 이해가 좀 필요합니다. 성적이 좋고 공부를 열심히 하는 아이들만 지치는 건 아니기 때문입니다.

중위권 아이들은 성실하게 학교를 다니는 편이지만 스트레스나 고민은 가장 심합니다. 한다고 해도 성적은 안 올라가고, 그렇다고 해서 포기하기엔 아깝기 때문에 미래에 대한 고민이 가장 큽니다. 이 고민이 바로 체력저하로 나타납니다. 이럴 때는 아이의 마음을 다독이고

> **햇빛 잘 드는 방이 좋은 방이에요**
> 지구상의 모든 생명은 태양의 힘으로 성장합니다. 성장기 아이들의 면역력과 활력을 높이는 데도 햇빛이 매우 중요합니다. 아이들 방은 밝은 빛이 잘 들어올 수 있게 해주세요. 낮에는 환하게 해가 비쳐들고 밤에는 암막커튼으로 빛을 완전히 차단해주면 숙면과 컨디션 관리에 도움이 됩니다.

용기를 불어넣어주시는 것이 좋습니다. 공부라는 게 마음먹는다고 다 되는 게 아니니까요.

하위권 아이들은 게임이나 다른 활동으로 인해 체력이 소진되거나 왕따, 비행 등 친구들과의 관계에서 마음을 다친 것이 몸으로 나타날 수 있습니다. 이를 '신체화증상'이라고 합니다. 혹시 이런 일이 있는 건 아닌지 세심하게 살펴봐주시기 바랍니다.

선인장과 다육식물을 활용해 보세요

아이의 방에 식물을 배치하면 공기를 정화하고 수분을 조절해 활력을 더하는 데 도움이 됩니다. 하지만 너무 큰 식물이나 관리가 까다로운 식물은 피하는 것이 좋습니다. 선인장이나 다육식물을 배치해주면 숙면을 유도해 하루 동안의 피로를 풀고 새로운 에너지를 충전하는 데 도움이 됩니다. 아이가 가장 많은 시간을 보내는 책상 위에 작은 다육식물을 두어 개 올려주면 전자파 차단 효과도 기대할 수 있습니다.

생활 속에서 실천하는 **밥상 위의 보약**

현미
체력 보강과 성인병 예방에 탁월

주식을 현미로 바꿔보면 어떨까요? 같은 쌀밥이지만 현미밥은 흰쌀밥과는 비교가 안 될 정도로 많은 영양소와 비타민을 함유하고 있습니다. 현미는 체력이 떨어진 아이들에게 아주 좋은 선택입니다. 딱딱한 음식일수록 오래 씹어 먹게 되고, 이는 소화와 흡수를 돕는 가장 좋은 습관으로 발전하게 되죠. 당뇨를 비롯한 성인병을 예방하는 습관이기도 합니다. 현미밥은 체력소모가 큰 아이들이 무기력해지지 않도록 돕는 데 큰 힘이 된답니다. 처음에는 딱딱하고 거친 느낌 때문에 싫어하는 아이들도 많은데, 며칠 먹다보면 어느새 익숙해지고 고소하고 깊은 맛을 느낄 수 있게 됩니다.

장어
체력과 두뇌발달, 두 마리 토끼 잡기

단백질은 물론, 미네랄과 비타민이 풍부한 장어는 대표적인 보양식으로 꼽히는 식품입니다. 어른들을 위한 스태미나식으로 사랑받고 있지만 DHA라 불리는 불포화지방산과 철분, 칼슘 등이 풍부하기 때문에 청소년의 체력 향상은 물론, 두뇌발달에도 최고입니다. 특히 비타민 A는 소고기의 200배가 넘을 만큼 함량이 높아 책을 많이 보는 아이들의 눈 건강까지 지켜줍니다.

홍삼
면역 증강과 피로 회복의 최강자

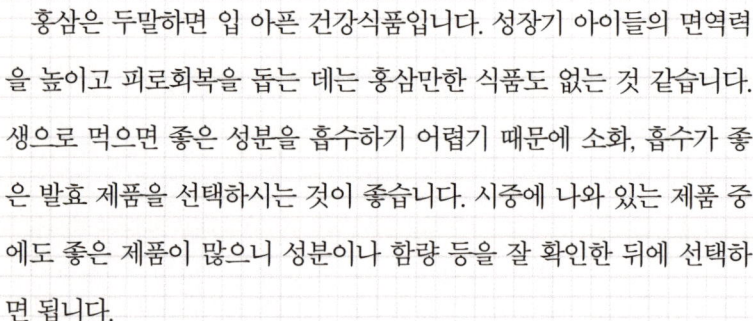

홍삼은 두말하면 입 아픈 건강식품입니다. 성장기 아이들의 면역력을 높이고 피로회복을 돕는 데는 홍삼만한 식품도 없는 것 같습니다. 생으로 먹으면 좋은 성분을 흡수하기 어렵기 때문에 소화, 흡수가 좋은 발효 제품을 선택하시는 것이 좋습니다. 시중에 나와 있는 제품 중에도 좋은 제품이 많으니 성분이나 함량 등을 잘 확인한 뒤에 선택하면 됩니다.

우리 아이에게 꼭 맞는 **티테라피**

대추생강차

한의학에서는 단맛을 가진 대추를 '대조'라고 부릅니다. 여러 약재의 성질이 서로 잘 조화되게 하고 강한 약성을 완화시키는 작용을 하기 때문에 한약을 처방할 때 자주 사용됩니다. 몸이 마르고, 피부색이 하얗고, 금방 지치는 아이들에게는 달달한 대추가 더할 나위 없이 좋은 약재입니다. 잘 씻어서 가위집을 넣은 뒤 적당량의 생강과 함께 달여 먹이면 보약이 부럽지 않습니다. 생강의 칼칼한 맛을 싫어하는 아이라면 꿀을 약간 넣어주는 것도 좋습니다.

필요한 재료
- 대추 10개, 생강 2~3쪽, 기호에 따라 꿀 약간, 물 1ℓ

만드는 법
- 작은 냄비에 대추와 생강을 넣고 끓입니다.
- 물 양이 절반 정도 줄어들 때까지 달여서 차만 따라 마시게 합니다.
- 단맛을 좋아하면 꿀을 조금 넣어주셔도 좋습니다.

인삼차

기운을 위로 올리는 성질이 있는 인삼을 한의학에서는 '보기지제(補氣之材)'라 하는데요, 그 의미인즉, 호흡기와 소화기를 튼튼히 하여 기력을 올린다는 뜻입니다. 감기에 자주 걸리고 입맛이 없고, 손발이 차고, 내성적인 아이들에게 아주 좋은 약재죠. 인삼 한 뿌리에 대추 두 개, 생강 세 쪽을 첨가하여 연하게 우려 놓고 꾸준히 마시게 하면 조금씩 기운이 살아나고 마음에도 힘이 실립니다. 인삼은 많이 먹는다고 좋은 것만은 아닙니다. 조금씩, 꾸준히 먹어야 효과를 볼 수 있답니다.

필요한 재료
- 인삼 1뿌리, 대추 2개, 생강 3쪽, 물 500㎖

만드는 법
- 냄비에 물을 붓고 준비한 재료를 깨끗하게 손질해서 넣어주세요.
- 약한 불에서 1시간 정도 끓인 뒤 연하게 마시게 합니다.

몸과 마음을 시원하게 풀어주는 지압법

에너지 불어넣어 활력 강화해주는 혈자리
부류혈

족소음 신경이 흐르는 부류혈은 어른들에게는 정력을 보하고 스태미나를 올리는 대표적인 혈자리입니다. 자동차가 달리기 위해서는 휘발유를 넣어주어야 하듯 아이들에게 움직일 수 있는 에너지를 불어넣어주는 자리입니다.

한의학에서는 우리 몸을 구성하는 진액을 주관하는 자리라고 하여 피, 땀, 골수, 호르몬 등의 진액을 원활하게 소통시키고 보다 충만하게 만드는 효능이 있는 곳입니다.

발목 안쪽 복숭아뼈 위로 손가락 3개 정도 윗부분에 뼈와 근육 사이로 움푹 들어간 지점에 자리한 것이 부류혈입니다. 부류혈을 아래서 위로 쓸어 올리듯 지압해주세요. 잠잘 때 땀을 많이 흘리는 아이, 평소 기운이 없는 아이에게 기를 보충해주는 자리인데요, 혈자리를 비롯하여 그 라인을 길게 쓸어 올리며 지압해주면 더욱 좋습니다.

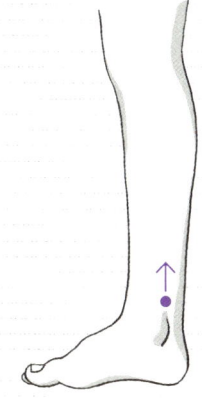

머리 아프다는 얘기를 자주 해요

　우리나라 청소년들처럼 집중적으로 머리를 많이 쓰는 경우는 드물 겁니다. 그것도 하루 종일, 몇 년에 걸쳐 딱딱한 의자에 앉아서 시간을 보내죠. 그만큼 육체적인 활동을 할 시간은 부족합니다. 그러다보면 두통이 나타나기 쉽습니다.
　두통은 몸의 생리적인 부조화가 통증으로 나타나는 하나의 증상이라고 할 수 있습니다. 아이가 자주 머리가 아프다고 한다면 먼저 뇌혈관성 두통이 아닌지 병원에서 체크를 해보시는 게 안전합니다. 원인이 되는 병변이 없는 것으로 확인되었다면 심리적 치료로 접근해보아야 할 단계입니다. 두통은 심리적인 원인에 의해 발생하는 경우가 많기 때문이죠.
　신체적 원인이 없는 두통은 대개 우울, 불안, 스트레스 때문에 발생합니다. 아이가 어떤 상황에서 머리가 아프다고 하는지, 아이의 체질상 어디가 특별히 취약한지 등을 고려해서 도울 수 있는 방법을 찾아보는 것이 좋습니다.

두통의 원인은 크게 세 가지로 나눌 수 있는데, 과부하로 인한 두통, 긴장성 두통, 합리화에 의한 두통 등이 그것입니다. 우리 아이의 유형이 어떤 것인지 잘 생각해 보면 해법을 찾을 수 있을 것입니다.

과부하로 인한 두통에는 휴식이 최우선이죠

흔히 "머리 아픈 일이 있다"는 표현을 합니다. 부모님께서도 생각할 것이 많거나 복잡한 계산을 해야 하는 순간 머리가 아픈 경험을 해보셨을 겁니다. 머리가 지끈지끈하고 열도 오르는 것 같고 기분도 저하됩니다. 한마디로 두뇌 용량에 과부하가 걸려서 머리가 아픈 경우라고 볼 수 있습니다.

공부에 욕심이 많거나 성적이 좋은 아이들이 이런 증상을 자주 겪습니다. 더 잘하려 하고 더 많이 하려고 하다 보니 그만 쉬고 싶다고, 안 그러면 병이 올 것 같다고 몸이 신호를 보내는 것이죠. 이때 그냥 방치하면 정말로 큰 탈이 날 수도 있으니 주의 깊게 살펴보시는 것이 좋습니다.

이런 아이들에겐 휴식과 잠이 우선이에요. 공부를 하는 동안 머리가 열심히 일했다면 모든 것을 내려놓고 쉴 시간도 필요한 거죠. 그 중 가장 효과적인 것이 잠입니다. 공부에도 리듬이 필요하듯, 휴식에도 리듬이 필요합니다.

그런데 많은 어머니들이 총명탕 같은 걸 먹여서 아이의 두뇌용량을 더 늘려주는 게 방법이라고 생각합니다. 공부를 잘하는 아이니 더 잘할 수 있도록 도와주어야 한다는 생각으로 말이에요. 하지만 방전된 아이에게 아무리 좋은 약을 먹인들 무슨 소용일까요. 그런 건 큰 도움이 되지 않습니다.

일주일에 이틀 정도, 화·수·목 중 하루, 그리고 일요일 정도는 8시간 이상 잠을 잘 수 있도록 해주시고, 그래도 아이가 힘들어한다면 평균 수면시간을 30분에서 1시간 정도 늘려주시면 좋습니다. 충전만 되면 자신이 가진 역량을 얼마든지 발휘할 수 있을 것이라고 믿고 기다리는 마음도 중요합니다.

긴장성 두통엔 릴렉스 방법을 찾으세요

시험이 다가오면 유독 머리가 아프다고 호소하는 아이들이 있습니다. 불안하고 떨리고 긴장되면 심장기능에 이상이 생기고, 심장과 밀접한 자율신경이 오작동을 하게 되는데, 이때 가장 취약한 부분으로 통증이 오는 것이죠. 긴장성 두통이 있는 아이들은 체해도 머리부터 아프고 스트레스를 받아도 머리부터 아픈 경우가 많습니다.

이런 아이들은 머리 자체의 통증을 없애는 것도 중요하지만, 그보다는 긴장을 풀어주고 마음을 편안하게 해주는 것이 근본적인 해결책이 될 수 있습니다.

살면서 시험을 피할 수는 없습니다. 성인이 된 뒤에도 삶은 테스트의 연속이라고 할 수 있습니다. 그때마다 긴장을 하고, 그때마다 두통으로 중요한 순간들을 망친다면 하루하루 고단할 수밖에 없을 것입니다. 실제로 성인들 중에도 입사 면접이나 중요한 프레젠테이션을 앞두고 과도하게 긴장한 나머지 일을 그르치는 경우가 많답니다.

아이들뿐만 아니라 부모님께서도 자신에게 맞는 릴렉스 방법을 찾아 꾸준히 실천하면서 훈련하는 것이 중요합니다. 쉽게 시도할 수 있는 방법으로는 음악이나 운동 등이 권할 만합니다. 마음을 진정시키는 음악을 찾아 듣거나, 스트레칭으로 긴장된 근육을 풀어주는 등 취미 활동을 하며 마인드컨트롤을 하는 자신만의 방법을 찾는 것입니다. 더불어 긴장을 해소할 수 있는 약재나 치료법을 공부해서 보완해준다면 아이들에게 큰 힘이 될 것입니다.

합리화에 의한 두통도 이유가 있어요

말 그대로 실제로 아프지 않은데 아프다고 하는 경우입니다. 성적이 생각만큼 안 나왔을 때 엄마한테 혼날까봐, 혹은 시험이 보기 싫어서 등 어떤 싫은 상황을 회피하기 위해 아픈 것을 핑계 삼는 것이죠.

머리는 차갑게, 발은 따뜻하게

두한족열(頭寒足熱)은 예부터 전해오는 소중한 건강 비법 중 하나입니다. 땀이 많이 나고 더위를 많이 타는 아이들은 항상 얼음물을 찾죠. 하지만 더위를 이기고 땀을 조절하려면 오히려 따뜻한 물을 마셔서 신체 내부와 외부의 온도차를 줄여주는 것이 현명한 방법입니다. 겨울에는 반신욕이나 족욕을 꾸준히 해서 기초 체온을 높여주는 것이 추위를 이기는 근본 치료법이 될 수 있습니다.

이때 유의하실 점은 '꾀병'으로 치부하면 안 된다는 것입니다. 이런 경우라 해도 실제로 아이가 통증을 느끼는 경우도 많기 때문입니다. 싫거나 피하고 싶은 감정은 극심한 스트레스가 되고 이것이 쌓이면 아무런 병적 원인 없이도 실제 통증을 유발할 수 있거든요. 꾀병이라고 해서 다 같은 꾀병이 아닌 것이죠.

아이는 진심으로 괴로워하고 있을 수도 있으니 조금 더 세심하게 마음을 살피고, 아이가 원하는 것이 무엇인지 찬찬히 이야기를 들어주세요. 학교에 가기 싫거나, 시험을 보기 싫은 건 나름대로 아이에게 그럴 만한 이유가 있어서입니다. 숨겨진 다른 재능이 있거나 너무 똑똑해서 학교를 거부하는 아이들도 많고요. 단순히 다른 아이들과 다르다고 해서 '꼴통'으로 치부하고 밀어붙이면 아이들은 기댈 곳이 없어져버린답니다.

이럴 땐 잘 다독여서 학교를 무사히 졸업시키는 데만 집중해주세요.

하루의 피로를 푸는 찜질과 스트레칭

하루의 대부분을 의자에 앉아서 보내는 아이들은 여러 가지 증상을 겪습니다. 특히 자주 나타나는 것이 어깨와 목 근육의 긴장입니다. 어깨가 뻣뻣하게 굳는 것 같은 느낌이 들면서 통증이 있고, 머리를 돌리면 목뼈에서 소리가 나기도 합니다. 이런 경우 머리로 올라가는 혈액의 흐름이 방해를 받기 쉽습니다.

이럴 때는 온찜질로 긴장된 어깨와 목을 풀어주거나 스트레칭을 해주는 것이 큰 도움이 됩니다. 혈액의 흐름이 이완되고 근육이 유연해질 수 있도록 따뜻한 수건이나 핫팩을 목과 어깨에 자주 올려주시고 마사지를 해주시는 것도 좋습니다. 피로감이 누적되지 않도록 그날의 피로는 그날 바로바로 풀어주도록 하세요.

요즘은 정규 교육 외에도 다양한 경로가 있지만 학창시절을 안전하게 견디고 졸업을 하면 그렇지 않은 경우보다 훨씬 더 편하게, 다양한 기회를 얻을 수 있으니까요.

실내외 기온차는 5~6℃ 이내로 조절하세요

요즘은 냉난방의 폐해에 대해 인식이 많이 된 것 같습니다. 여름에는 조금 덥게 지내고 겨울에는 조금 서늘하게 지내는 것이 건강에 좋지 않겠어요? 무더운 여름날 시원하게 공부하라고 에어컨을 세게 틀어주는 건 아이들에게 오히려 좋지 않습니다. 냉방이 지나칠 경우, 자율신경계가 급격히 달라지는 외부 환경에 적응하려고 바쁘게 일을 해야 합니다. 결국 지치게 될 수밖에 없지요.

자율신경계의 피로는 머리가 취약한 아이들에겐 바로 두통으로 이어질 수 있답니다. 그러니 더운 여름이나 추운 겨울에는 실내외의 온도차가 5~6℃ 이상이 되지 않도록 조절해주세요.

생활 속에서 실천하는 **밥상 위의 보약**

아몬드

진통제 성분이 두통 완화에 효과 발휘

아몬드는 잘 알려진 건강식품입니다. 다이어트 식품으로 활용하는 분들도 많습니다. 아몬드에 함유된 트립토판이라는 성분은 뇌에 작용하여 기분을 좋게 만드는 물질을 분비시킵니다. 더불어 진통제에 사용되기도 하는 살리신 성분이 들어 있어서 긴장되고 불안해서 생기는 두통을 완화하는 데 큰 도움이 된답니다. 아침마다 아몬드를 몇 알씩 먹게 하면 두뇌 활성화에도 도움이 됩니다. 살짝 볶아주면 바삭하고 고소한 맛이 강해져서 아이들이 좋아합니다.

시금치

혈관과 위장 건강에 도움 주는 식품

칼륨과 마그네슘이 풍부한 시금치는 성장기 아이들에겐 여러모로 도움이 되는 식품입니다. 특히 수축된 혈관을 이완시키는 작용을 돕기 때문에 편두통이 심한 아이들의 증상을 다스리는 데 도움이 됩니다. 위장을 깨끗하게 해주며 빈혈도 예방해 주기 때문에 성장기 아이들에게 자주 해먹이는 것이 좋습니다. 시금치나물, 시금치된장국 등이 대표적인 생활 메뉴이고, 아이들이 좋아하는 샐러드나 파스타 같은 음식에도 활용이 가능하니 다양한 레시피를 찾아보시는 것이 좋을 것 같습니다.

바질 · 페퍼민트
머리를 맑게 해주는 허브

바질은 파스타 위에 올라가는 허브의 일종인데요, 소화를 돕고 머리를 맑게 하고 스트레스를 풀어주는 효능이 있습니다. 요즘은 건 바질이 나와 있어 부담 없이 사용할 수 있습니다. 다양한 음식에 조금씩 넣어주면 음식의 향미를 더해줍니다. 페퍼민트는 서양박하라고도 하는데요, 우리가 흔히 박하라고 하는 약재는 동양종, 페퍼민트는 서양종이라고 보시면 됩니다. 향이 시원하고 청량한 느낌을 주기 때문에 머리를 맑게 하는 효능이 탁월합니다.

우리 아이에게 꼭 맞는 **티테라피**

감국차

감국은 주로 산에서 자라는 국화의 일종으로 심장의 관상동맥혈관을 확장시켜서 혈액의 흐름을 원활하게 만들어주는 효능이 있습니다. 어지러운 정신을 맑게 해주기 때문에 예부터 선조들이 차로 만들어 즐겨 마셨습니다. 두통이 있는 아이들에게 좋은 처방이 될 것입니다.

필요한 재료
- 말린 감국 10g, 물 1ℓ

만드는 법
- 깨끗한 감국을 꽃만 따서 물에 씻은 뒤 식품건조기에서 말립니다.
- 티백이나 꽃잎차로 나와 있는 것을 사용하는 것도 좋습니다.
- 너무 오래 우리면 쓴맛이 나기 때문에 살짝 미색이 돌면 꽃잎을 건져내고 마시게 합니다.

하고초차

하고초는 '꿀풀'이라는 이름으로 알려져 있는 약재입니다. 이 약재는 머리꼭지가 당기듯이 아프거나 자주 어지러운 아이에게 좋은 효능이 있습니다. 마음이 초조, 불안하고 긴장될 때도 도움이 되고요. 특히 두통과 함께 눈 주변이 아프다면 하고초가 잘 듣습니다. 다만 하고초는 성질이 차서 많은 양을 한꺼번에 복용하는 것은 좋지 않으니 주의하시는 게 좋습니다.

필요한 재료
- 하고초 8g, 국화 4g, 결명자 4g, 물 2ℓ

만드는 법
- 하고초는 꽃을 포함한 줄기와 잎을 모두 사용합니다.
- 국화나 결명자를 조금씩 같이 넣어서 달이면 더욱 좋습니다.
- 1시간 정도 푹 달인 뒤 조금씩 마시게 합니다.

박하차

박하차는 두통을 완화하는 데 탁월한 효능을 자랑합니다. 카페인이 없어서 예민한 아이들에게도 부담 없이 권할 수 있는 차입니다. 과민성 장 증후군이나 메스꺼움, 구토, 설사 등에도 효과가 있으며 천식이나 감기에 두루 도움이 됩니다. 차를 끓일 때는 생강과 꿀을 적당량 넣어주는 것도 좋은데, 생강은 소화기능을 높이는 효능이 있고 꿀의 단맛은 긴장을 풀어줍니다.

필요한 재료

- 박하 잎 8g, 생강 2쪽, 꿀 약간, 물 1ℓ

만드는 법

- 박하잎을 씻어서 물기를 빼고 넓게 펴서 그늘에서 말립니다.
- 바삭하게 마르면 밀폐용기에 담아서 보관합니다.
- 끓는 물에 박하 잎과 생강을 넣고 15분 정도 더 끓여줍니다. 박하는 방향성 약초이기 때문에 오래 끓이지 않는 것이 좋습니다.
- 연하게 마시고 싶을 때는 뜨거운 물에 박하 잎을 몇 장 띄워서 마시는 것도 좋습니다.

몸과 마음을 시원하게 풀어주는 지압법

집중력을 높여주는 지식의 혈자리
중충혈

중충혈은 '지식을 다스리는 혈'이라 불리는 혈자리로, 복잡한 머릿속을 비워내면서 몸과 마음을 편안하게 만들어주는 효과가 있기 때문에 공부를 하는 학생이라면 꼭 알아두어야 할 중요한 혈자리입니다. 집중력을 높여서 더 효율적으로 공부하고 싶을 때는 손끝 방향으로, 책을 덮고 잠시 쉬고 싶을 때는 마디 방향으로 자극해주면 도움이 됩니다. 집중력을 높이고 싶을 때는 손끝 방향으로 밀면서 눌러주고, 휴식을 취하고 싶을 때는 마디 방향으로 밀면서 눌러줍니다.

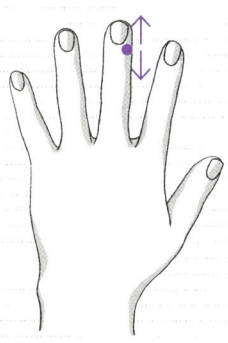

시험 때마다 복통을 호소해요

　시험을 앞두고 복통을 느끼는 것은 크게 두 가지 경우로 봐야 합니다. 먼저 체질적으로 소화기가 약해서 스트레스를 받으면 신체적으로 가장 약한 부위부터 안 좋아지는 경우죠. 이 경우 통증의 원인은 신체에 있습니다. 또 한 가지는 긴장과 스트레스 때문에 유발되는 복통입니다. 긴장과 스트레스는 복통 외에도 다양한 증상을 불러오는데, 다한증, 생리통, 두통 등이 대표적입니다.

소양인은 두통, 소음인은 복통으로 나타나요

　그 중에서도 유독 배가 불편하고 아프다고 하는 아이들은 소음인일 확률이 높습니다. 얼굴이 하얗고 내성적이거나 생각이 많고 예민해서 신경 쓸 일이 있을 때 밥을 먹으면 자꾸 체하거나 평소에도 먹는 것을 그다지 좋아하지 않는 아이들이지요.

　소화기가 태생적으로 약한 소음인은 심경이 복잡하거나 불안해지면 소화기 쪽으로 신호가 옵니다. 소양인은 두통으로 오는 경우가 많은 것과 비교해보면 확연한 차이라고 할 수 있죠. 위장이 아플 때는 주로 속이 울렁거리거나 구토를 하게 되고요, 대장이 자극을 받으면 배가 아프거나 설사를 합니다. 이런 아이들은 소화기를 따뜻하고 보할 수 있는 음식과 약재를 섭취할 수 있게 해주는 것이 중요합니다.

　다음은 심리적인 이유로 배가 아픈 아이들입니다. 성적이 좋은 아이들은 말 그대로 긴장과 불안 때문에 배가 아픕니다. '시험을 못 보면 어떡하지? 한 개라도 더 맞아야 하는데……' 이런 생각이 통증을 불러오는 것이죠. 그러다 시험이 끝나면 언제 그랬냐는 듯 괜찮아지기도 합니다.

　물론 성적이 안 좋은 아이들도 배가 아플 때가 있습니다. 한마디로 시험 보기 싫은 것이죠. 시험 자체를 회피하고 싶은 마음이 크고, 병으로 시험 못 보는 것을 합리화하려는 심리적 기전이 크기 때문에 시험 기간에 결석을 하거나 시험을 포기하는 경우도 종종 나타납니다.

실수를 이겨내고 다가서는 더 큰 기회
SOLUTION　'괜찮다'는 한마디로 용기를 주세요

　평소 일등을 놓친 적이 없거나 자신의 목표가 뚜렷하고 부모님의 기대가 높은 아이들에겐 무엇보다 부모님의 '괜찮다'는 한마디가 큰 힘이 됩니다. 아이의 복통에 너무 예민하게 반응하면 아이가 더 힘들어질 수 있습니다. 살면서 수많은 시험을 치르게 될 텐데 그때마다 큰일 난 것처럼 반응하면 아이가 지는 마음의 부담이 더욱 커집니다.

부모님도 아이도 실수에 조금은 관대해질 필요가 있습니다. 실수는 사람을 성장시키는 거름이 된다는 것을 기억하시기 바랍니다. 일등도, 백점도 중요하지만 의연하고 멋진 2등 또한 값지고, 멋있을 수 있으니까요.

학생들은 성적으로 자신이 평가받는다고 생각합니다. 사실은 일등이든 꼴찌든 존중받아야 하고, 등수를 떠나 사람은 누구나 각자의 일이 있게 마련이지만 청소년기에는 이런 이야기를 이해하기 어렵지요.

시험이 보기 싫어서 배가 아픈 아이들에겐 진심을 담아 이렇게 얘기해주세요.

"점수나 등수가 안 나와도 괜찮아. 지금 네가 해야 할 일을 완수하고 이해하는 것만으로도 의미가 있단다."

지금 당장 아이에게 이 시험이 의미 없을지라도 앞으로 다가올 수많

안정감 높여주는 라벤더로 아로마테라피

스트레스에 좋은 허브로 알려진 라벤더는 불안과 긴장으로 인한 근육의 수축을 부드럽게 풀어주고 피로회복을 돕기 때문에 평소 쉽게 긴장하고 불안해하는 아이들의 방에 은은하게 향이 퍼지도록 놓아주면 도움이 됩니다. 소독이나 소염 작용도 뛰어나기 때문에 감기에 자주 걸리거나 호흡기가 좋지 않은 아이들에게도 좋습니다.

은 기회들을 놓치지 않을 힘을 기를 수 있으니까요.

고등학교에서 가장 중요한 건 일등을 하는 게 아니라 졸업을 하는(할 일을 하는 것) 겁니다. 졸업을 해야 안 하는 것보다 기회가 많고, 대학엘 가면 더 많은 기회를 만날 수 있으니까요. 반드시 최고가 되기 위해서 공부하는 건 아니라는 걸 알려주세요. 할 수 있을 때, 조금이라도 더 기회가 많은 쪽으로 준비를 해놔야 나중에 때가 되었을 때 무언가를 할 수 있고 후회하지 않을 수 있으니까요.

생활 속에서 실천하는 **밥상 위의 보약**

양배추 · 바나나 · 매실
소화가 잘 되는 따뜻하고 부드러운 음식

소화기가 문제인 아이들에겐 부드럽고 따뜻한 음식이 좋습니다. 소화가 안 되고 더부룩하다고 해도 아침식사를 거르게 하지 말고 영양이 풍부한 다양한 식품을 이용해 죽이나 수프를 만들어서 챙겨 먹이는 것이 좋습니다.

바쁜 아침시간에도 음식을 조금씩, 천천히 씹어 먹을 수 있는 분위기를 만들어주시고 바깥에서 먹는 간식도 소화 흡수를 고려해 선택할 수 있도록 지도해주시는 것이 건강한 식습관을 만들기 위한 첫걸음입니다.

• **기름 안 쓰는 조리법으로 소화를 도와주세요**

조리법은 기름을 쓰지 않는 것이 좋습니다. 기름 없이 굽거나 뜨거운 물에 데치는 등 소화기에 가중되는 부담을 줄여주는 조리법을 활용하도록 하세요. 아울러 과자, 빵, 라면 등 밀가루 음식이나 지나치게 맵고 차가운 음식은 위장 건강에 도움이 되지 않는 만큼 꼭 피해주세요.

자소엽차

자소엽은 깻잎과 비슷한 꿀풀과 식물입니다. 잎이 보라색을 띠고 있어 자소엽이라는 이름이 붙여졌습니다. 자소엽은 특유의 향을 갖고 있으며 약간 쓴맛이 나기 때문에 꿀을 약간 가미해서 마시면 한결 편하게 섭취할 수 있습니다. 배탈과 소화불량에 특효가 있습니다.

필요한 재료
- 자소엽 12g, 꿀 약간, 물 1컵

만드는 법
- 끓인 물을 잔에 담고 자소엽을 띄웁니다.
- 그냥 마셔도 되고 꿀을 살짝 타서 수시로 마시게 하면 좋습니다.

진피차

진피는 귤껍질을 건조해서 약재로 만든 것인데 '행기(行氣)'를 시키는 효능이 뛰어납니다.

행기란 기운을 돌린다는 의미로, 긴장되고 불안한 감정에 집중한 몸과 마음을 환기시켜 편안하게 하는 효과를 볼 수 있습니다.

필요한 재료
- 무농약 귤껍질 10g, 물 1컵

만드는 법
- 귤껍질은 베이킹 소다를 이용해 깨끗하게 씻어주세요.
- 귤껍질에 묻은 물기를 제거하고 꼭지 부분을 떼어낸 뒤 잘게 채를 썹니다.
- 통풍이 잘 되는 그늘에서 바삭하게 말려주세요.
- 뜨거운 물을 부어서 우려 낸 뒤 마시게 합니다.

감초차

'감이완지(甘而緩之)'라는 말이 있습니다. 단맛은 부드럽게 이완시키는 작용이 있다는 의미인데요, 단맛을 내는 대표적인 약재로는 감초가 있습니다. 단맛은 뇌에 영양을 줘서 긴장을 이완시키는 데 도움이 됩니다.

필요한 재료

- 감초 8g, 대추 4개, 생각 2쪽, 물 1ℓ

만드는 법

- 감초를 깨끗하게 씻어주세요.
- 대추, 생강과 함께 물에 넣고 끓입니다.
- 물 양이 반쯤 줄어들면 불을 끄고 30분간 우려냅니다.
- 따뜻하게 마시게 합니다.

몸과 마음을 시원하게 풀어주는 지압법

복통과 구토에 신비한 효과 발휘하는 혈자리
내관혈

손목이 시작되는 곳에서 손가락 두세 개 정도 떨어진 곳에 위치한 내관혈은 비장과 위장을 가지런하게 정리해주는 특효 혈입니다. 원래 속에서부터 올라오는 입덧이나 멀미를 가라앉히는 데 효과가 있는 자리지요. 신경계와 소화계를 다 좋아지게 할 수 있는 자리이기 때문에 내관혈에 쌀이나 좁쌀을 테이프로 붙여놓거나 뾰족한 것으로 자주 자극해주면 복통을 유발하는 장기들이 편안해집니다. 손톱이나 뾰족한 것으로 꾹꾹 눌러주세요.

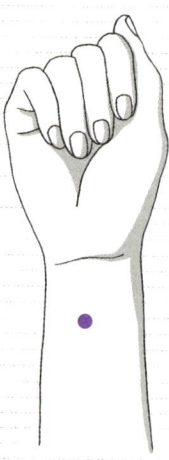

땀을 너무 많이 흘려요

땀은 체내의 노폐물을 체외로 배출시키는 역할을 합니다. 어른, 아이 할 것 없이 우리 몸의 컨디션을 조절하는 매우 중요한 신체활동 중 하나입니다. 아이들은 신체조절능력이 어른에 비해 미숙하기 때문에 일교차가 큰 환절기나 여름철이 되면 평소보다 땀을 더 많이 흘리는 경향이 있습니다.

최적의 컨디션으로 학업에 집중하게 하려면

시도 때도 없이 땀을 많이 흘리는 아이들이 있습니다. 이런 경우는 달리 신경을 좀 써주시는 게 좋습니다. 특히 시험을 볼 때 긴장해서 땀을 많이 흘리는 아이들이 있는데요, 시험만 보면 손에 땀이 너무 많이 나서 시험지가 젖거나 연필을 잡은 손이 축축해서 미끌거린다는 아이

들이 생각보다 많습니다

우리 아이들이 치러야 하는 중요한 시험은 중고등학교 6년 동안 50번이 넘습니다. 하나하나 실력 발휘를 해서 억울한 일 없게 하려면 최적의 컨디션을 유지할 수 있도록 도와주어야 합니다.

긴장 상황이 아니라 해도 마찬가지입니다. 뜨겁거나 매운 음식을 먹을 때도 땀을 너무 많이 흘리면 사춘기 아이들은 창피해하죠. 특히 여학생들은 외모에도 신경을 많이 씁니다. 부모님들은 대수롭지 않은 일이라고 생각하고 넘어갈 수 있을지 몰라도 땀이 많은 나는 것 때문에 아이가 불편해한다면 아이의 몸과 마음을 한번 살펴주시기 바랍니다.

다한증의 여러 가지 원인

다한증은 긴장, 불안 등 외부 스트레스로 인해 자율신경계에 이상현상이 일어나 필요 이상의 땀을 분비하는 증상입니다. 보통 긴장하고 불안하면 땀이 나는 건 자연스러운 신체증상이지만 무엇이든 과도하여 중요한 순간에 실수를 하는 원인이 되어서는 안 되겠죠. 불안과 긴장을 스스로 다스릴 수 있는 힘과 땀의 분비량을 아이의 몸이 스스로 조절할 수 있도록 신체조절능력을 회복시키는 치료가 필요합니다.

땀을 흘리는 것도 아이의 체질에 따라 원인이 다를 수 있습니다. 체질적으로 열이 많은 아이도 있고, 몸이 허하고 냉해서 땀을 흘리는 아이도 있죠. 그리고 신경이 예민한 아이도 있답니다. 증상은 비슷해 보여도 원인은 서로 다를 수 있으니 부모님께서 주의 깊게 관찰하시는 것이 중요합니다.

체질적으로 열이 많은 아이

SOLUTION 너무 찬 것은 피하고 시원한 환경 만들어주세요

평소에 열이 많고 유난히 더위에 약한 아이들이 있습니다. 체질적으로 속열이 많아 땀이 많은 케이스로, 크게 문제가 되진 않는 경우지요. 이런 아이들은 주로 손발보다는 가슴이나 목 위, 머리, 얼굴 쪽으로 땀이 나죠. 더위를 많이 타고 더우면 가슴부터 답답해지기 때문에 되도록이면 시원한 환경을 만들어주시고 얇고 가벼운 옷이나 이불을 준비해 주시는 것이 좋습니다. 학교 갈 때는 손수건도 챙겨주시고 갈아입을 옷도 신경 써 주시면 더욱 좋겠죠. 찬물이나 냉한 것을 좋아하지만 너무 찬 것은 피해주세요.

열이 많은 아이들은 성격이 급하고 그만큼 빨리 지치거나 포기하는 성향이 있습니다. 빠른 성과를 이루는 것보다 천천히 꾸준히 오랜 시간 지속하는 것이 얼마나 가치 있는 일인지 알려주시는 것이 중요합니다. 또한 다른 아이들에 비해 땀이 많이 나는 것은 신체가 환경의 변화

바람이 잘 통하고 시원한 환경

아이의 공부방은 무엇보다 실내온도와 습도가 중요합니다. 과도한 냉난방은 아이의 생체리듬을 저해할 수 있으므로 여름엔 너무 춥지 않게, 겨울엔 너무 덥지 않게 적당한 온도를 유지해주세요. 땀 흡수가 잘 되는 면 소재의 옷을 준비해서 눅눅한 기분이 들 때마다 갈아입을 수 있게 해주세요. 속옷 세탁 시 섬유유연제를 사용하지 않는 것이 보송보송한 기분을 유지할 수 있는 방법입니다.

에 대해 남보다 빠르게 반응하는 것이기 때문에 병이 아니라 몸의 효율이 좋은 것이라고 인지를 시켜줄 필요가 있습니다. 정상적인 땀이라도 남들보다는 많이 나면 아이들은 자신감이 저하되거나 매우 불편해 할 수 있거든요.

땀으로 인해 불편하거나 힘든 상황이 닥쳤을 때를 대비해서 스스로 차분한 마음을 되찾을 수 있는 명상이나 걷기, 끈기 있는 할 수 있는 바둑, 블록 같은 취미를 통해 끈기와 차분함을 연습시켜주시는 것도 도움이 됩니다. 그리고 이렇게 말해주세요.

"조금 천천히 해도 괜찮아."

몸이 허하고 냉한 체질의 아이
SOLUTION 휴식과 충전이 동시에 필요해요

비교적 빨리 지치거나 피곤해하고 평소 추위를 많이 타며 잘 때 땀을 많이 흘리거나 옷이 흠뻑 젖는다면 이 경우에 가깝습니다. 과로해서 공부를 하거나 체력이 떨어지면 식은땀이 나기도 하고요. 이 성향의 아이들은 평소 뛰어놀거나 더울 때는 땀이 잘 나지 않아요. 피로하거나 지쳤을 때 삐질삐질 땀을 흘리는 쪽이지요.

이런 아이들은 손발, 위장, 복부 등이 냉하고 기운이 허한 것이 원인입니다. 그러니 허한 기운을 채워줄 수 있는 보양식이 답이죠. 충분한 휴식과 잠을 통해 기운을 회복하고 충전할 수 있도록 도와주세요.

이 타입의 아이들이 땀이 날 때는 정신적, 신체적 피로도가 높다는 의미입니다. 안 나던 땀이 갑자기 많이 난다면 우선 병원검진을 통해 다른 증상이나 질병이 없는지 살펴주시는 것도 필요하고요. 검사결과 특별한 병이 없다면 아이의 컨디션에 맞게 학업량을 조절해주실 필요가 있습니다. 더불어 단백질 위주의 식단을 짜주시되 영양가가 높고 소화, 흡수가 잘되는 보양식으로 에너지를 보충해주셔야 합니다. 그리고 이런 말로 아이의 마음을 어루만져주세요.

"적당히 해도 괜찮아."

신경이 예민한 아이

SOLUTION 자연 속에서 긴장을 완화해주세요

예민하고 신경이 날카로운 아이들은 스트레스에 유독 취약합니다. 스트레스로 인해 심장이 과열되면 가슴이 과도하게 두근거리거나 교감신경계가 흥분하여 다량의 땀을 배출하게 되는 것이지요. 즉, 불안과 긴장이 땀의 주된 원인인 경우입니다.

시험을 볼 때, 사람들과 악수를 할 때, 발표를 하거나 주목받는 상황

다한증에 특효 발휘하는 오재미

손에 땀이 너무 많아 불편을 느낀다면 특효 오재미를 만들어서 활용하게 해보세요. 오재미 안에는 모려(굴 껍데기), 용골(매머드 뼈), 석고, 오적골(갑오징어 뼈) 등을 갈아서 만든 하얀 가루를 넣어줍니다. 평소 가지고 다니면서 땀이 날 때마다 주물럭주물럭 만져주면 거기서 가루가 나와서 손이 뽀송뽀송하게 되는데, 이게 생각보다 효과가 좋답니다.

에서 주로 손발이 땀이 주체할 수 없을 만큼 많이 난다면 우선적으로 치료를 고려하시는 게 좋습니다.

몸도 마음도 예민해서 불안과 긴장이 심한 아이들은 섬세하기 때문에 상황이나 환경에 영향을 많이 받습니다. 그래서 삶을 복잡하고 힘들게 살아가기도 하지만, 반대로 삶의 다양한 감정들을 풍부하게 느낄 수 있는 감성이 있기에 그만큼 풍요롭고 행복한 인생을 살기도 합니다.

영화나 산책, 여행, 자연 등을 통해 긴장을 이완하는 훈련을 함께 해주시면 도움이 될 겁니다. 규칙적인 운동으로 심폐기능을 강화하는 것도 중요하고요. 몸이 건강해지면 마음은 자동으로 따라오게 되어 있으니까요. 부모님의 한마디가 아이들에게는 큰 힘이 되기도 합니다.

"소심해도 괜찮아, 걱정마."

생활 속에서 실천하는 **밥상 위의 보약**

체질에 따라 원인이 다른 만큼, 음식도 가려먹이는 게 좋습니다. 예를 들어 열이 많은 아이가 먹어야 할 녹두나 오이를 냉한 체질의 아이가 먹으면 오히려 독이 될 수 있습니다. 우리 아이의 유형을 잘 파악한 뒤 적절한 식품을 골라 반찬을 해주세요.

TYPE ❶ 체질적으로 열이 많은 아이를 위한 식품

녹두
해독 효과 뛰어나고 열 내리는 작용

녹두는 몸속에 쌓인 노폐물을 해독하고 열을 내리는 데 효능이 매우 탁월한 식품입니다. 필수 아미노산과 불포화지방산이 풍부해서 소화가 잘 안 되는 아이들에게도 좋아요. 밥에 넣어서 먹는 것도 좋고, 녹두 빈대떡 같은 간식을 준비해주시는 것도 좋을 것 같습니다.

오이
수분 섭취 늘려주는 대표 채소

열이 많은 아이들은 수분을 잘 섭취하는 것이 중요한데요, 오이는 수분 함량이 매우 높은 채소입니다. 해독작용이 활발하여 몸이 잘 붓거나 더위를 많이 타는 아이에게 여러모로 좋은 식품입니다. 날 오이를 간식처럼 먹을 수 있게 준비해주시면 섭취량을 늘릴 수 있고, 오이소박이를 꾸준히 밥상에 올리는 것도 좋겠지요.

TYPE ❷ 몸이 허하고 냉한 체질의 아이를 위한 식품

쑥
냉기와 습기를 몰아내는 약재

쑥은 다양하게 활용되는 식품이자 약재입니다. 몸속의 냉한 기운과 습기를 외부로 내보내는 효능이 있죠. 쑥이 부인과 질병에 많이 쓰이는 것도 바로 이런 효능 때문입니다. 몸을 따뜻하게 해주기 때문에 냉한 체질의 아이에게도 잘 듣습니다. 봄에 연한 쑥을 구해서 된장국을 끓여 먹이면 좋고, 쑥버무리 같은 간식을 해주는 것도 좋을 것 같네요.

도라지
폐 기능과 면역력 증강에 효과

땀은 한의학적으로 폐와 연결이 되어 있습니다. 도라지는 폐 기능을 좋게 만들어주는 대표적인 약재입니다. 인삼이나 홍삼처럼 면역력 향상에도 큰 도움이 된답니다. 비교적 쉽게 구할 수 있는 만큼 자주 밥상에 올려주시면 좋습니다. 도라지생채를 새콤달콤하게 만들어주시면 좋고, 대추와 함께 끓여서 물처럼 마시게 하는 것도 권할 만한 섭취 방법입니다.

황기삼계탕
소음인에게는 탁월한 보양 음식

여름이면 국민 보양음식으로 사랑받는 삼계탕은 소음인에게 특히 좋은 음식이죠. 삼계탕을 할 때는 인삼, 대추, 밤 등이 기본으로 들어가는데요, 그 외에 황기, 당귀 등의 약재를 넣으면 몸이 따뜻해지는 효과가 있습니다. 피로회복에도 도움을 받을 수 있으니 공부하느라 지친 아이들에게는 이만한 보양식이 없을 것 같습니다.

TYPE ❸ 예민한 신경을 차분히 가라앉혀 주는 식품

청국장
신경 안정과 울화증 해소에 도움

된장, 청국장 좋은 것은 한국 사람이라면 모두가 알고 있습니다. 특히 발효과정을 거친 청국장은 여러 가지 효능을 갖고 있습니다. 화기를 내려주고 신경을 안정시키는 데 효능이 뛰어난 청국장은 울화증을 가라앉힐 뿐 아니라 피를 맑게 하고 해독하는 효능이 뛰어납니다. 요즘은 냄새가 적은 제품이 많이 나와 있어서 아이들도 잘 먹는답니다. 청국장찌개를 자주 끓여주시고, 청국장환 등을 준비해서 섭취량을 늘려주세요.

연근
심장의 열을 내리는 대표식품

스트레스로 인해 심장이 과열되면 자율신경계가 영향을 받습니다. 이때 과열된 심장의 열을 내려주는 데 연근이 참 좋습니다. 스트레스성 수족다한증을 갖고 있다면 연근 반찬을 자주 해주세요. 연근조림은 항상 두고 먹을 수 있는 밑반찬이고요, 쌀가루를 묻혀 연근전을 해주면 아이들도 잘 먹습니다. 튀김옷 없이 가볍게 튀겨서 간식으로 준비해주시는 것도 추천합니다.

우리 아이에게 꼭 맞는 **티테라피**

치자차

치자는 해열작용이 매우 탁월한 약재입니다. 속씨는 가슴의 열을 없애고 껍질은 피부의 열을 없애주는 것으로 알려져 있습니다. 살짝 볶아서 치자차로 만들어 꾸준히 복용하면 열이 많아서 생기는 여러 가지 증상들을 해소할 수 있습니다. 항균작용이 뛰어나 여드름이 있는 아이들에게도 좋으니 약 먹기를 꺼리는 아이들에게는 피부미용을 전면에 내세워 섭취하게 하면 좋을 것 같습니다.

필요한 재료
- 치자 10g, 대추 5개, 꿀 약간, 물 1ℓ

만드는 법
- 치자를 깨끗이 씻어 물기를 빼주세요.
- 준비한 치자와 대추를 물에 넣고 끓입니다.
- 물이 끓기 시작하면 불을 줄여서 물 양이 절반 정도 될 때까지 달여주세요.
- 건더기를 걸러내고 냉장 보관하면서 조금씩 마시게 합니다.
- 꿀을 조금 넣어주어도 좋습니다.

황기차

황기는 식욕이 없고 자주 어지럽거나 빈혈을 호소할 때 잘 듣습니다. 피로하고 기력이 떨어진 아이들에게 좋은 약재죠. 대추와 함께 끓여서 먹이면 기운을 보하고 과도한 땀이 나는 것을 막을 수 있습니다.

필요한 재료
- 황기 20g, 대추 5개, 물 2ℓ

만드는 법
- 황기와 대추는 흐르는 물에 씻어 먼지를 제거합니다.
- 물에 황기와 대추를 넣고 끓여줍니다.
- 물이 끓어오르면 불을 줄여서 20분 정도 더 끓여주세요.
- 건더기를 걸러내고 식힌 후 하루 두세 번 정도 마시게 합니다.

영지버섯차

영지버섯은 오장에 작용하여 면역력을 높이는 데 탁월한 효능을 갖고 있습니다. 스트레스와 땀에 직접적인 영향을 미치는 심장과 폐를 건강하게 만들어주는 데 좋은 효과를 발휘하는 약재입니다.

필요한 재료

- 영지버섯 10g, 대추 5개, 생강 3쪽, 물 2ℓ

만드는 법

- 영지버섯은 흐르는 물에 씻어 먼지를 제거합니다.
- 물에 영지버섯과 대추, 생강을 넣고 끓여줍니다.
- 물이 끓어오르면 약불로 줄여서 반으로 줄어들 때까지 달여주세요.
- 아이가 쓴맛을 싫어하면 감초나 구기자 등을 조금 넣어주면 좋습니다.

몸과 마음을 시원하게 풀어주는 지압법

전신의 균형을 조절해주는 혈자리
외관혈

외관혈은 이름 그대로 신체의 외부를 주관하는 혈자리입니다. 손목에서 팔꿈치 쪽으로 손가락 3개 정도 위쪽에 위치하고 있는데, 손바닥 쪽이 내관혈, 손등 쪽이 외관혈입니다. 팔에서 손끝 방향으로 꾸준히 자극해주면 땀이 나는 것을 어느 정도 멈추게 하는 효과가 있습니다.

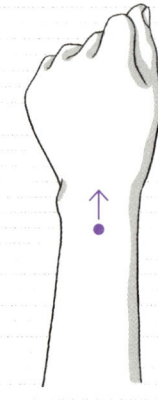

코피를 자주 흘려요

청소년기에는 코피를 자주 흘리는 아이들이 많습니다. 성인이 되면 좀 덜해지는데요, 한창 공부할 시기에 아이가 너무 지친 것은 아닌지 살펴주시는 것이 좋습니다.

코피는 비중격의 앞부분인 '키셀바흐 혈관총'이라는 부위에서 가장 많이 납니다. 이 부위에 가는 혈관이 밀집되어 있기 때문입니다. 손가락으로 코를 후비거나 어딘가에 코를 세게 부딪혀서 이 부위에 손상이 오거나 압력이 높아져서 코피가 나는 것입니다. 이때는 꾹 눌러 지혈을 해주면 금방 피가 멎습니다.

이 부위를 제외한 다른 곳에서 코피가 자주 발생하는 경우, 고혈압, 혈액응고장애 등의 질환이 원인일 수도 있는데 이것은 아직 특별한 치료법이 없는 상황입니다.

감정이 고조되며 혈이 얼굴로 몰리는 경우
SOLUTION 마음을 차분히 가라앉힐 수 있게 도와주세요

한의학적으로, 코피가 나는 것은 두 가지 상황으로 볼 수 있습니다. 하나는 기본적으로 열이 많은 아이인데요, 음양의 관점으로 보면 '양'의 기운이 강해서 나타나는 증상입니다. 감정이 욱하거나 스트레스를 받으면 열이 나면서 콧속이 마르고 건조해집니다. 여기에 혈이 머리로 몰리면 혈관의 압력이 높아져서 약해진 점막이 이를 견디지 못하고 코피가 나게 되는 겁니다.

이런 증상은 초등이나 중학교 남학생들한테 많이 나타납니다. 주로 얼굴이 까무잡잡하고 여드름이 많고 성격은 활달한 편이죠. 이런 아이들은 특별히 공부를 많이 하거나 과로를 하지 않아도 코피가 많이 날 수 있는 체질이기 때문에 혈압이 높아지거나 얼굴로 열이 몰리지 않도록 평소 생활습관이나 음식관리 등을 잘 해주는 것이 중요합니다.

> **열을 내려주는 시원한 환경이 중요해요**
>
> 집안 환경은 늘 서늘하게 유지해주시고 얼굴과 콧속의 압력과 열이 높아지지 않도록 해주어야 합니다. 성격을 차분하게 해줄 수 있는 명상, 서예 등을 배우게 하거나 마음을 진정시키는 효능을 가진 캐모마일, 라벤더 등의 향을 공부방에 놓아주세요.

과로로 인해 에너지가 약해진 경우
SOLUTION 부모가 먼저 마음의 여유를 가지세요

또 다른 경우는 과로가 원인입니다. 성적에 대한 욕심이 많고 차분한 성격의 마른 아이들에게 주로 볼 수 있는 유형입니다. 공부를 너무 열심히 해서 피로가 누적된 것이죠. 성장기에 공부를 너무 많이 하면 가지고 있는 체력적 에너지보다 사용하고 있는 에너지가 더 많아져서 자연히 몸이 약해지게 됩니다.

누가 시키지 않아도 스스로 열심히 하는 아이라면 스스로 페이스를 조절할 수 있게 지도하면서 긴 입시 여정을 잘 컨트롤할 수 있게 해주세요. 부모님의 기대가 커서 마음이 조급해진 상태라면 몸이 상할 정도로 힘든데도 차마 말을 못하고 있는 것은 아닌지 다시 한 번 살펴봐주시는 것이 좋습니다. 부모님께서도 마음의 여유를 가지고 집안 환경을 따뜻하게 유지해주시는 것이 좋습니다.

생활 속에서 실천하는 **밥상 위의 보약**

해산물
활기찬 아이의 열을 내려주는 식품

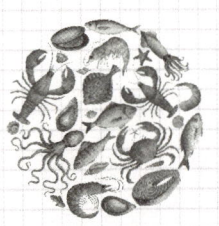

홍삼, 인삼 같은 보약류의 음식은 열을 더 오르게 할 수 있기 때문에 피하는 것이 좋습니다. 해산물 위주의 식단을 준비해주시는 것이 좋습니다. 조개, 오징어 같은 해산물이 열을 내리게 하는 데 도움이 됩니다. 굴, 대합, 소라, 우렁이, 오징어, 새우, 다시마, 미역 등 성질이 찬 해산물은 진정 작용이 있으며 피를 맑게 해주는 대표적인 식품입니다.

홍삼 · 인삼
차분한 아이의 기운을 돋워주는 식품

차분하고 냉한 아이들은 보약이 필요합니다. 몸을 보해서 체력이 좋아지면 대부분의 경우 코피가 확연히 줄어듭니다. 단백질 위주로 영양가가 높은 음식을 해주시는 것이 좋습니다. 홍삼, 인삼 등으로 몸을 보해주면 도움이 됩니다. 진맥을 통해 체질에 맞는 보약을 지어 먹이는 것도 좋습니다.

우리 아이에게 꼭 맞는 **티테라피**

애엽차

길가나 산에 자생하는 쑥을 애엽이라고 합니다. 쑥은 지혈작용을 하는 대표적인 식품이지요. 5월 단오 무렵에 연한 애엽 잎을 따서 말려 차로 마시면 효능이 가장 좋습니다.

필요한 재료
- 애엽 잎, 물 1컵

만드는 법
- 연한 애엽 잎을 깨끗하게 씻은 뒤 그늘에서 잘 말립니다.
- 약간 태우 듯이 볶아서 밀봉해서 보관합니다.
- 끓인 물에 조금 띄워서 우려 마시게 합니다.
- 쑥은 향이 강하기 때문에 너무 많이 넣으면 거부감이 있을 수 있습니다. 조금씩 사용하세요.

몸과 마음을 시원하게 풀어주는 **지압법**

열이 많고 활기찬 아이에게 도움이 되는 혈자리
곡택혈

팔을 약간 구부렸을 때 팔꿈치 안쪽 중앙의 함몰 부위에 자리하고 있는 혈자리입니다. 이 혈점을 자극해 주면 스트레스 해소에 도움이 되고 코피를 줄여주며 머리를 시원하게 해주는 효능이 있습니다. 손바닥으로 쓸 듯이 밀어줍니다.

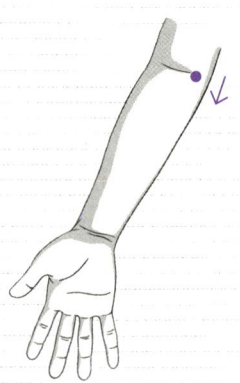

차분하고 기력이 부족한 아이에게 도움이 되는 혈자리
곡천혈

무릎 안쪽에 자리하고 있으며 인체의 수분을 관장하는 혈자리입니다. 이 혈점은 피를 모아주는 효능이 있어 꾸준히 자극해 주면 힘 없고 마른 아이들에게 도움이 됩니다. 무릎에서 배꼽 방향으로 지압을 해줍니다.

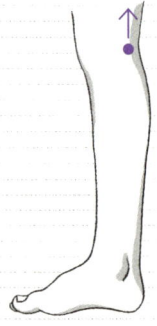

이것저것 닥치는 대로 먹어요

　한창 성장할 시기에 많이 먹고 건강한 것은 사실 큰 문제가 되지 않습니다. 다만 자신의 몸집에 비해 지나치게 많은 양의 음식을 섭취하거나, 갑자기 평소에 비해 먹는 양이 몇 배로 늘었다거나, 쉴 새 없이 음식에 집착하는 모습을 보인다면 이는 단순히 '먹는 것을 좋아해서'라고 해석하기엔 걱정되는 부분이 있습니다.
　이런 현상을 의학적으로는 폭식증이라고 합니다. 다이어트에 대한 압박과 학업에 대한 스트레스 등이 폭식증의 주요 원인으로 대두되고 있는데, 청소년 폭식증 환자가 매년 증가추세에 있습니다. 폭식증은 말 그대로 병이기 때문에 먹는 행위를 스스로 컨트롤하지 못해 건강을 해칠 수 있습니다.

심리적 허기로 고통받는 아이들

아이들이 진짜 배가 고파서 폭식을 하는 경우는 많지 않습니다. '육체적 허기'가 아니라 '심리적 허기'가 진짜 원인이기 때문입니다. 부모님의 기대에 못 미칠 때, 나 스스로에 대해 인정을 못할 때, 시험을 망쳤을 때, 친구관계가 마음처럼 되지 않을 아이들은 좌절감을 느끼게 됩니다. 어떤 아이들은 이런 일들을 어렵지 않게 극복하기도 하지만 어떤 아이들은 스스로 감당할 수 없을 만큼 흔들리고 자아가 무너지기도 하죠.

안타깝게도, 청소년기에는 정신적으로 힘들고 혼란스러운 상황에서 "학교도 두렵고 공부도 못하겠어요, 너무 힘들어요"라고 가족에게 도움을 청하는 게 쉽지 않습니다. 부모님을 실망시키거나 걱정 끼치고 싶지 않기 때문이죠. 또 어쩌면 자신에게 큰 문제가 있을 수도 있다는 두려움도 느낍니다. 그러다 보니 혼자서 모든 문제를 끌어안고 끙끙 앓다가 병이 나고 마는 것입니다. 어떻게 자신을 표현해야 하는지, 어떻게 도와달라고 해야 하는지 배운 적도 없고, 알 길도 없으니까요.

폭식증이나 거식증은 참다 참다 나타나는 일종의 격렬한 시위라고 할 수 있습니다. 혼자서는 더 이상 견딜 수 없는데 도움을 청할 방법이 없을 때 자신의 심리상태를 극단적으로 표출하게 되는 것이죠. 폭식증 환자의 상당수가 청소년이라는 사실은 이처럼 안타까운 현실을 대변하고 있습니다.

외모에 대한 집착으로 인한 잘못된 선택

날씬하고 예쁜 연예인들이 아이들의 우상이 되다 보니 청소년기에 갖는 외모에 대한 관심과 집착은 날로 높아져만 가고 있습니다. 다이어트에 대한 집착으로 과도하게 음식을 절제하다 보면 필연적으로 '폭식'이라는 형태로 음식에 대한 욕망과 스트레스를 풀게 되는 순간이 있습니다.

문제는 여기서부터 증폭됩니다. 폭식 뒤에 엄습해오는 죄책감을 덜고 폭식으로 인한 체중 증가를 막기 위해 구토를 하게 되는 것이죠. 그러다 이런 식으로 체중조절이 가능하다는 잘못된 생각을 갖게 되면 그때부터 폭식과 구토를 반복하는 악순환의 고리가 만들어집니다.

구토 증상으로 나눠보는 폭식증

아이의 구토 증상은 폭식증을 판단하는 중요한 포인트가 됩니다. 아이가 구토를 하는지, 안 하는지 그리고 구토하는 것을 부모에게 보여주는지 몰래 하는지 주의 깊게 관찰해야 합니다.

폭식만 하는 아이 vs. 폭식 후 구토를 하는 아이

그냥 폭식만 한다면 단순히 심리적 허기나 스트레스를 먹는 것으로 채운다고 볼 수 있습니다. 그러나 구토를 한다면 이는 구토를 통해 체중조절을 하고 있다는 뜻으로 볼 수 있습니다. 음식에 대한 욕구와 다이어트에 대한 욕구를 동시에 채울 수 있는 쉬운 방법으로 구토를 선택한 것이죠.

이런 행동 패턴은 건강을 해치는 것은 물론 일종의 심리적 '사기'를 스스로 용인하고 있는 것이기 때문에 치료가 쉽지 않습니다. 커닝으로 성적이 오른 아이가 공부를 열심히 할 생각을 하기 힘들듯 음식 섭취량을 줄이고 구토를 멈추는 긍정적 패턴으로 되돌리는 일이 매우 힘들기 때문입니다.

구토를 부모에게 보여주는 아이 vs. 몰래 하는 아이

부모님이 구토행위를 보았고, 알고 있다는 것은 아이가 가족들에게 뭔가를 바라고, 소통을 원한다고 해석할 수 있습니다. 구토하는 것을 보여주었다는 것은 부모에게 도와달라는 요청이기도 한 것이죠. 아이의 속마음은 '도와주세요' 혹은 '나도 더 잘하고 싶어요'라고 외치고 있는 경우가 대부분입니다.

몰래 구토를 하는 경우는 체중조절이 목적일 가능성이 큽니다. 어쩌다 부모님이 알아채게 되었다고 해도 바로 윽박지르거나 문제 삼는 것보다는 천천히 아이와 대화를 시도하여 해결하는 것이 현명합니다.

폭식과 구토의 반복으로 나타날 수 있는 신체 증상

폭식과 구토가 반복되는 기간이 길어지면 신체적으로도 문제가 생길 수 있습니다. 반복되는 구토로 인해 혈관이 붓고 침샘이 비대해져 뺨이 볼록해지거나 목에도 통증이 생기고 피로와 근육통이 나타나기도 합니다. 위산으로 인해 치아가 손상되고 입에서 냄새가 나는 것도 폭식증으로 인해 나타나는 신체적 증상 중 하나입니다.

구토 후에 식도 및 위 등에 염증이나 통증이 생기거나, 머리카락이 부쩍 빠지거나, 여자 아이의 경우 월경이 중단되거나 몇 달 동안 거르기도 합니다. 이런 증상이 나타난다면 반드시 빠른 시일 안에 전문의의 도움을 받아야 합니다.

감정적인 허기로 인한 허기감
SOLUTION 한 걸음씩 나아가는 법을 가르쳐주세요

감정적인 허기는 사랑과 관심을 받아야 해결됩니다. 그런데 이게 혼자서는 할 수 없어서 문제인 것이죠. 음식을 먹는 것밖에 혼자 할 수 있는 일이 없어 계속하다 보면 음식에 집착하게 되고 어느새 폭식증으로 이어지는 것입니다. 그러니 폭식을 하는 아이에게 그만 좀 먹으라고 하거나 왜 이렇게 참을성이 없느냐고 나무라는 것은 전혀 도움이 안 됩니다. 음식을 먹고 싶은 욕망을 자제하지 못하는 것이 근본원인이 아니기 때문입니다.

건강한 식품으로 냉장고 채우기
폭식증을 막기 위해 외식을 금지하거나 냉장고를 비워서 무조건 먹지 못하게 하는 것은 별 도움이 되지 않습니다. 대신 외모에 대한 아이의 관심을 인정해주고 다이어트에 도움이 되는 음식 위주로 냉장고를 채워주면서 함께 고민하는 모습을 보여주는 것이 훨씬 도움이 됩니다.

진짜 원인은 감정에 있습니다. 그 원인이 무엇인지 찾아 마음의 허기를 채울 방법을 찾거나 부모님의 이해와 배려, 사랑과 관심을 받는 것만이 마음의 허기를 채울 수 있는 유일한 방법입니다.

아이들은 공부를 잘하고 싶어 하거나, 부모님의 사랑을 얻고 기대를 충족시키고 싶어 하고, 더 예쁜 외모를 가지고 싶어 합니다. 반에서 일등을 하는 아이도, 꼴찌를 하는 아이도, 내성적인 아이도, 외향적인 아이도 모두 그 나름대로의 목표와 욕심이 있습니다. 그런데 삶이란 마음먹은 대로만 되지도 않을뿐더러 부모님과 선생님의 기대, 스스로의 욕심이 부딪히면서 그 목표가 영영 못 오를 나무처럼 느껴져 좌절하는 것입니다.

이러한 욕망은 부모님과 아이가 함께 스스로를 돌아보지 않으면 절대 채워질 수 없습니다. '왜 난 쟤보다 못할까' '왜 우리 아이는 옆집 아이만 못할까' 이런 생각에 사로잡히면 아무리 목표를 달성해도 만족하지 못하는 아이로 자라게 됩니다. 더 높은 목표를 만들어 스스로 '허기'를 자청한다면 절대 행복해질 수 없습니다. 내가 만족스럽지 못한 부분이 무엇인가, 신중하게 천천히 다시 한 번 깊게 고민할 수 있도록 도

주말엔 함께 먹거리 장보기

요즘 아이들은 집에서 밥 먹을 시간이 별로 없습니다. 하지만 가급적 아이가 편의점 도시락이나 몸에 좋지 않은 간식거리로 식사를 때우지 않도록 신경을 써주는 것이 좋습니다. 주말 등을 이용해 함께 장보는 시간을 갖는다거나 일주일 식단을 스스로 짜게 해보는 것도 좋습니다.

와주세요. 목표지점을 바라보면서도 눈앞의 한두 계단만 먼저 오르는 법을 가르쳐주세요. 목표에 도착하지 못할 거라는 좌절감에 두렵고 무서워도 한 걸음만 용기내서 걸어가면 그 다음 길이 보이는 법입니다.

마음의 허기를 허기감 그 자체로 인정하는 연습도 필요합니다. 갖고 싶고, 더 나아지고 싶다는 욕망은 인간이라면 누구나 느끼는 감정입니다. 나에게만 일어난 돌이킬 수 없는 불행이 아니라는 사실을, 언제나 이야기를 들어줄 부모님이 가까운 곳에 있다는 사실을 알려주세요.

생활 속에서 실천하는 **밥상 위의 보약**

율무
다이어트 도와주고 피부도 희고 맑게

율무는 포만감을 주면서 동시에 부종을 내리는 효과가 있습니다. 주로 태음인 청소년의 폭식증에 도움이 되는 식품으로 다이어트에도 매우 좋은 약재가 됩니다. 피부를 희고 맑게 하는 효능 또한 있으니 외모에 관심이 많은 청소년들에게도 여러모로 반가운 식품이라고 할 수 있습니다. 몸을 보하면서 지방이나 불필요한 수분(담음)을 제거하기 때문에 밥에 넣어서 먹거나 차로 우려 마시는 등의 방법으로 장기간 복용하면 아이들의 건강에 큰 도움이 됩니다.

우리 아이에게 꼭 맞는 **티테라피**

생강차

생강은 소화기를 보하고 몸을 따뜻하게 하며 대사량을 높이는 효능이 있습니다. 또한 구토를 잦아들게 하는 효능이 있어 폭식증으로 인해 구토를 심하게 하는 아이에게 효과를 기대할 수 있습니다. 특히 체중이 많이 나가는 소음인 청소년에게 좋습니다. 몸을 따뜻하게 하여 체지방이 쌓이는 것을 예방하고 에너지 효율을 높이는 데 효과적이기 때문에 다이어트에도 효능이 있습니다.

필요한 재료
- 생강 5~6개, 꿀 적당량, 물 1컵

만드는 법
- 생강은 깨끗하게 손질해 가늘게 채를 씁니다.
- 잘 소독해서 습기를 제거한 용기에 생강을 넣고 꿀을 자박하게 붓습니다.
- 꿀 위로 다시 생강을 차곡차곡 쌓듯이 올려줍니다.
- 생강과 꿀을 번갈아 넣어준 뒤 생강이 완전히 잠기도록 꿀을 부어줍니다.
- 상온에 하루 정도 두었다가 냉장고에 넣어두고 따뜻한 물에 희석해서 마시게 합니다.

진피차

신선한 귤껍질을 잘 말린 것을 진피라고 하는데, 한의학적으로 뭉친 기를 풀고 소화기를 보하는 효능이 있는 약재입니다. 위장을 건강하게 하고 부종을 없애며 구역을 진정시키는 작용이 있어 다이어트나 폭식증으로 인해 구토를 할 때 차로 우려 마시면 매우 좋은 효과를 얻을 수 있습니다. 기분 좋은 감귤향이 퍼져 상쾌함까지 얻을 수 있어 공부하는 아이들의 기분을 맑게 하는 데도 도움이 됩니다.

필요한 재료
- 무농약 귤껍질, 물 1컵

만드는 법
- 귤껍질은 베이킹 소다를 이용해 깨끗하게 씻어주세요.
- 귤껍질에 묻은 물기를 제거하고 꼭지 부분을 떼어낸 뒤 잘게 채를 썹니다.
- 통풍이 잘 되는 그늘에서 바삭하게 말려주세요.
- 뜨거운 물을 부어서 우려 마시게 합니다.

몸과 마음을 시원하게 풀어주는 **지압법**

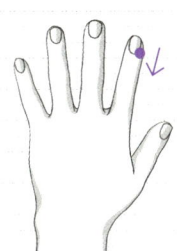

수분과 지방을 조절해주는 혈자리
상양혈

게을러진 몸과 마음을 깨워주며 몸속의 불필요한 수분을 배출하기 쉬운 상태로 만들어주는 효과가 있습니다. 몸 안의 물을 다스리고 조절하는 최고의 자리이기 때문에 물을 말리는 효과로는 따를 곳이 없습니다. 틈날 때마다 몇 번씩 눌러주면 살이 빠지는 데 적지 않은 도움이 됩니다. 마디 방향으로 꾹꾹 누르면서 밀어주세요.

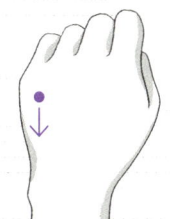

몸과 마음에 포근한 에너지 불어넣는 혈자리
중저혈

몸과 마음에 따뜻한 햇살 같은 에너지를 불어넣어 포근함과 안정감을 주는 혈자리입니다. 전체적인 순환을 돕고 마음을 보다 가볍게 만들어주는 효과가 있습니다. 넷째와 다섯째 손가락 사이의 손등에 움푹 파인 자리로, 공부로 인해 지친 어깨와 승모근을 풀어주는 효과도 있고 하루 종일 앉아 있는 아이들의 부종 치료에도 도움이 됩니다. 시간이 날 때마다 꾹꾹 눌러줍니다.

밥을 도통 안 먹으려 들어요

요즘은 외모가 친구를 사귀는 기준 중 하나가 되거나 친구들 사이에서 인기를 얻는 가장 쉬운 방법이 되기도 합니다. 부모님들조차 자녀들이 살찌는 것을 용인하지 않는 분위기이니 한창 먹는 걸 좋아할 나이에 외모에 대한 스트레스가 만만치 않습니다. 실제로 아이들이 음식을 거부하는 것은 체중감량을 위한 절식인 경우가 많습니다.

과도한 학업 스트레스 또는 시험이나 평가에 대한 불안, 긴장, 걱정, 염려가 심하면 입맛이 떨어지고 식욕이 없어지는데, 이것을 신경성 식욕부진증이라고 합니다. 이때는 스트레스를 줄이고 불안, 긴장을 이완하는 치료나 생활방식의 변화를 통해 회복을 도울 수 있습니다.

밥을 잘 먹지 않는 것이 정도를 넘어 식사를 하지 않는 것으로 자신이 힘들다는 것을 표현하거나 마치 일종의 시위처럼 이를 소통의 방식으로 이용하고 있다면, 거식증이 아닌지 의심해 보아야 합니다.

절박한 소통에 대한 욕구를 드러내는 거식증

거식증 또한 문제가 마음에서 시작된다는 점에서 폭식증과 비슷합니다. 아이들에게 어떤 채워지지 않는 결핍이 있을 때, 그것을 얻기 위한 소통의 방법으로 절박하게 선택할 수밖에 없는 일종의 마음의 병인 것이죠.

거식증은 폭식증보다 심각한 문제라고 할 수 있습니다. 음식을 거부한다는 것은 그 원인이 무엇이건 건강을 넘어 생존과 연관된 문제이기 때문입니다. 먹지 않는다는 것이 단순히 '살찌고 싶지 않아서'가 아닌 '더 이상 살고 싶지 않다' 혹은 '내 몸이 어떻게 되어도 상관없다'라는 마음에서 비롯된 것이라면 쉽게 넘어갈 문제가 아닙니다.

음식을 거부하고 살이 빠지기 시작하면 부모님의 모든 관심과 걱정은 자연히 아이를 향하게 됩니다. 아프니까 시험을 못 봐도 괜찮고 잘못을 해도 봐주는 상황이 반복되면서 아이의 무의식은 왜곡되기 시작합니다. '굶으면 내 뜻을 다 들어주는구나' '굶으니까 칭찬받고 사랑해 주는구나' 하는 생각이 들어앉게 됩니다.

이런 아이들의 마음속 깊은 곳의 진짜 문제는 부모님의 칭찬, 사랑, 관심을 받고 싶은 욕망이 크다는 데 있습니다. 성적이 오르거나 좋은 대학에 가서 자랑스러운 자식이 되면 부모님께 인정받고 칭찬받을 수 있다는 생각에 공부를 하며 스스로를 몰아가지만 그마저 뜻대로 되지 않을 때 자신도 모르게 거식증과 같은 극단적인 방법을 선택하게 되는 것이죠.

물론 부모님이 아닌 친구 문제, 학교 문제, 이성문제 등 다양한 결핍이 존재할 수 있습니다. 그래서 아이 스스로 자신의 진짜 문제가 무엇인지, 원인이 무엇인지, 상담을 통한 자각이 있어야 비로소 치료가 가능합니다.

원인을 인지하는 것이 치료의 시작

'아, 내가 엄마한테 욕을 먹을 때마다 굶는구나', '뭔가 힘든 상황이나 원치 않는 상황을 직면할 때 밥을 먹기 싫구나', '시험을 앞두고 긴장될 때마다 굶는구나' 등 어떤 상황과 문제가 닥쳤을 때 거식증이 나타나는지, 그 사실을 인지하는 것이 거식증 치료의 시작입니다.

그러려면 부모님께서도 스스로 아이에게 부족하게 대한 것은 없는지, 나도 모르게 아이가 계속해서 보내는 소통의 신호를 무시하고 있지는 않았는지 돌아보는 시간이 필요합니다. 그것을 깨달았다면 현실이 허락하는 선에서 최선을 다해 아이의 이야기를 들어주고 결핍을 채워주려 노력해야 합니다.

아이에게도 너는 이제 더 이상 어린이가 아니며 어엿한 어른이 되어가는 과정이라는 것을 꼭 알려주어 삶의 많은 부분을 스스로 결정하고 선택할 수 있도록 독립심을 길러주어야 합니다. 언제까지나 내 생각 속에 있는 욕심만을 바라보고 부모님의 관심과 사랑만 갈구하며 살 수는 없다는 사실을, 그게 인생의 목표나 삶을 좌우지하는 기준이 되어서는 안 된다는 것을 마음을 다해 이야기해주세요.

청소년기의 아이들은 몸은 자라서 성인에 가까워지지만 부모님의 인정과 사랑을 갈구하는 마음이 정신을 지배한다면 마음이 몸과 함께 자라지 못한 것이나 다름없습니다. 이제라도 스스로 자신을 지키고, 칭찬하고, 잘해주는 삶을 살아갈 수 있도록 부모님도 아이도 건강하게 분리되는 법을 연습하는 것이 좋습니다.

가족 모두 함께 노력해야 극복할 수 있어요

거식증은 가족과의 문제가 원인인 경우가 많습니다. 때문에 아이의 의지만으로는 극복이 어렵습니다. 부모님을 비롯한 가족의 도움이 절대적으로 필요합니다. 어떻게 아이를 대하고 도와야 효과적인지, 어떤 노력을 통해 관계를 회복해야 하는지 부모님이 먼저 정보를 습득하고 문제를 인지하는 것이 중요합니다. 강요는 상황이 더 악화시킬 뿐이라는 것을 기억하시고, 함께 치료를 받거나 상담을 받는 것이 좋습니다.

생활 속에서 실천하는 **밥상 위의 보약**

두부

체력 보강해주는 단백질 공급원

두부는 대표적인 단백질 공급원입니다. 단백질은 아이들의 체력을 보강하고 근육을 형성하며 학업이나 일을 하는 데 필요한 지구력을 키워주는 영양소입니다. 육류도 훌륭한 단백질 공급원이지만 음식을 잘 먹지 않던 아이가 갑자기 고기를 먹는 것은 무리가 될 수 있기 때문에 따뜻하고 부드럽게 조리해서 소화가 잘 되도록 해주는 것이 좋습니다.

견과류

우울증 감소시키고 스트레스 해소

거식증인 청소년들은 예민하거나 무기력감, 우울감 등을 동반하는 경우가 많습니다. 견과류는 항산화제, 불포화지방산, 오메가3 지방산 등이 풍부해 우울증을 감소시키고 스트레스를 해소하는 데 도움이 됩니다. 다양하게 준비해 두고 간식으로 먹을 수 있게 해주세요.

과일
식욕 자극하는 단맛 나는 과일로 선택

대부분의 경우 과일은 건강에 유익한 효과를 발휘합니다. 특히 단맛이 나는 과일이 입맛 없는 아이들의 식욕을 자극할 수 있습니다. 먹기도 편하고 소화도 잘 되고 위장도 편안한 과일로 골라 준비해주면 좋습니다. 과일은 수분과 비타민, 미네랄 등의 영양소를 보충해 활력을 더해주고 피부에 탄력을 부여해줍니다.

우리 아이에게 꼭 맞는 **티테라피**

구기자차

인삼, 하수오와 더불어 3대 명약으로 일컬어지던 구기자는 간과 신을 보하는 능력이 탁월해서 한방에서 흔히 강장제로 사용되는 약재입니다. 간세포를 재생하고 혈압을 내려주는 순한 약재로 구기자차로 만들어 복용하면 달콤하면서도 쓴맛이 입맛을 돋우고 체력을 보강하는 데 도움이 됩니다.

필요한 재료
- 구기자 10g, 감초 4g, 물 1ℓ

만드는 법
- 깨끗하게 손질한 구기자와 감초를 냄비에 담고 30분 정도 끓입니다.
- 적당하게 우러나면 따뜻하게 마시게 합니다.
- 찻잔에 구기자를 조금 넣고 뜨거운 물을 부어 한 잔씩 우려 마셔도 좋습니다.

오미자차

오미자는 단맛, 신맛, 쓴맛, 매운맛, 짠맛을 모두 가지고 있다 하여 오미자라고 이름 붙여진 식품입니다. 그중에서도 가장 강한 신맛은 에너지를 당기는 효능이 있어 입맛을 돋우는 데 제격입니다.

필요한 재료
- 오미자 적당량, 꿀 약간, 생수 또는 끓여서 식힌 물

만드는 법
- 물에 깨끗하게 씻은 오미자를 넣어주세요.
- 끓이지 않고 상온에서 8시간 이상 우려냅니다.
- 차가 빨갛게 우러나면 냉장고에 넣어두고 따뜻하게 데워서 마십니다.
- 꿀을 약간 넣어주면 신맛을 줄일 수 있습니다.

용안육차

용안육은 무환자과 나무에 속하는 열대 과일의 열매로, 단맛으로 몸을 보해주고 마음을 안정시켜주는 약재입니다. 맛도 달달하고 소화도 잘 되어 체력을 보하는 데 도움이 되며 초조하고 불안한 마음을 달래는 데도 효과적입니다. 최근 수험생 불면증에 도움이 되는 것으로 명성을 얻기도 했습니다.

필요한 재료

- 용안육 12g, 물 1ℓ

만드는 법

- 물에 용안육을 넣고 끓입니다.
- 물이 절반 정도로 줄어들면 따뜻하게 차로 마시게 합니다.
- 물의 양을 조절해 입맛에 맞는 농도를 찾으시면 됩니다.

몸과 마음을 시원하게 풀어주는 **지압법**

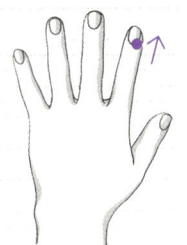

수분을 보하고 진액을 지켜주는 혈자리
상양혈

상양혈을 손끝에서 마디 방향으로 지압하면 몸속의 물을 말리고 빠져나가게 합니다. 같은 원리로, 상양혈을 마디에서 손끝 방향으로 내보내듯이 지압하면 수분을 보하고 몸속의 진액이 빠져나가지 않도록 막아주기 때문에 거식증 치료에 도움이 됩니다. 혈자리를 손끝 방향으로 누르며 문질러주세요.

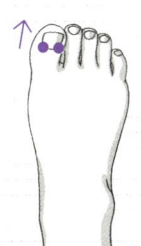

소화 기능 돕고 영양 흡수 높여주는 혈자리
대돈혈 · 은백혈

신경성으로 예민해져서 소화가 안 될 때 소화기를 보하여 원활한 소화기능을 돕는 혈자리입니다. 먹은 만큼 영양이 고루 흡수되도록 해주며 마음까지 안정시키는 효능이 있습니다. 대돈혈과 은백혈은 엄지발가락 발톱 뿌리 양옆에 자리하고 있습니다. 틈날 때마다 꾹꾹 눌러주면 됩니다.

소화가 안 되고 잘 체해요

어떤 음식이건 소화를 잘 못 시키고 걸핏하면 체하는 아이들이 있습니다. 성장은 물론이고, 두뇌가 필요로 하는 영양소를 공급하기 위해서도 이 시기의 소화능력은 매우 중요합니다. 특히 공부하느라 지치기 쉬운 아이들의 에너지 충전에 문제가 생길 수 있으니 먹거리에 신경을 더 써주는 것이 좋습니다.

아이가 체하는 이유를 잘 살펴보세요. 타고나길 소화기관이 약할 수도 있고, 시험기간이나 스트레스를 받을 만한 상황이 되면 유독 예민해져 음식을 잘 넘기지 못하고 체하는 경우도 있습니다('시험 때마다 복통을 호소해요(44페이지)' 참고). 또 다른 경우, 식사습관에 문제가 있는 경우도 있습니다.

체질적으로 소화기관이 약한 아이
SOLUTION 몸을 따뜻하게 해주는 것이 최우선이에요

성장기 아이들이라고 해서 모두 다 잘 먹고 많이 먹는 것은 아닙니다. 태음인은 쉽게 살이 찌기 때문에 음식을 조금 줄여주는 것이 좋고, 성격 급하고 활발한 소양인은 먹는 것으로 스트레스를 푸는 경향이 있습니다. 그런데 많이 먹어도 살이 잘 안 찌는 체질입니다.

자주 체하는 아이들 중에는 소음인이 많습니다. 소음인은 얼굴이 하얗고 입도 짧고 비교적 섬세한 성격으로, 마르고 예민하며 기본적으로 양기가 부족하여 소화가 잘 안 됩니다. 특히 신경을 쓰면 머리의 긴장이 소화기에 영향을 미쳐 바로 체하거나 소화가 안 되거나 입맛이 없어지는 경우가 많습니다.

체기가 심한 아이의 경우, 하루 세끼를 제대로 차려먹는 것보다 소량의 식사를 자주 하는 것도 방법입니다. 체질에 따라 특별히 소화가 안 되는 음식이 있을 수 있으므로 몸에 좋은 음식이라고 하여 억지로 먹이기보다는 아이가 특별히 불편해하거나 거부감을 표하는 음식은

소화가 안 된다고 굶으면 안 돼요!
유독 예민해지는 시험기간이면 소화불량이 두려워 식사를 거르는 학생들이 있습니다. 하지만 습관적으로 식사를 거르는 것은 신체활동의 전반적인 저하는 물론 집중력, 정신력, 기억력 등을 함께 떨어뜨립니다. 조금씩 규칙적으로 먹는 습관을 기르는 것이 좋습니다.

굳이 섭취를 권하지 않는 게 좋습니다.

소화가 잘 안 되는 아이들에게는 따뜻하고 부드러운 음식만큼 좋은 것이 없습니다. 잠에서 깬 지 얼마 되지 않은 아침에는 따뜻한 죽이나 국, 수프 등으로 가볍게 시작하도록 하고 너무 자극적인 음식은 피하는 것이 좋습니다.

지방이 많은 음식 또한 소화시간이 길어서 소화기관이 약한 아이들에게는 부담이 될 수 있습니다. 소화불량이 심한 아이들은 우유, 아이스크림, 요구르트 등의 유제품은 가급적 자제하는 것이 좋고, 식사 후에는 10분 정도 가벼운 산책을 통해 소화기간을 자극해주는 것도 좋은 방법입니다.

이런 아이들은 기본적으로 추위를 많이 타고, 땀은 잘 안 나고, 손발이 냉하고, 아랫배도 냉한 경우가 많습니다. 몸도 마음도 따뜻하게 해야 합니다. 물론 옷도 따뜻하게 입히면 도움이 됩니다. 쉽게 입고 벗을 수 있는 겉옷을 준비해서 체온 관리가 용이하게 해주시고 날이 서늘할 때는 1회용 핫팩을 이용하는 것도 도움이 됩니다.

가장 중요한 것은 따뜻한 물을 자주 마시는 것입니다. 따뜻한 물을 마시면 몸도 따뜻해지고 몸속에 수분이 보충되기에 이만한 보약이 없습니다. 소음인에게는 찬물이 독이 될 수도 있다는 것을 기억하시기 바랍니다. 인삼, 홍삼, 황기, 생강 등 열이 많은 약재들을 끓여놓고 수시로 마시게 하면 도움이 됩니다.

잘못된 식사습관으로 인해 잘 체하는 아이
SOLUTION 여유를 갖고 천천히 식사하는 습관을 길러주세요

부모님의 맞벌이로 혼자 식사하는 날이 많은 경우, 학원 스케줄이 과다하여 대부분의 식사를 집 밖에서 해결하는 경우, 인스턴트식품, 간식거리 등으로 식사를 대신하는 경우 등 식사습관이 불규칙하거나 허겁지겁 식사를 마치는 청소년들이 많습니다. 천천히 씹고 삼키면서 충분한 시간을 가지고 섭취를 해야만 소화과정이 원활하게 진행될 수 있습니다.

그래서 어릴 때부터 바른 식사습관을 형성해주는 것이 매우 중요합니다. 적어도 30분 내외에 걸쳐 천천히 식사를 하도록 하고 식사와 식사 사이의 간격이 너무 길어서 위의 기능이 떨어지지 않도록 해주시는 것이 좋습니다. 아침을 거르면 식사 사이의 간격이 너무 길어져서 문제가 생길 수도 있으니 가볍고 따뜻한 음식으로 아침식사를 하도록 해주시면 체증을 예방하는 효과가 있습니다.

청소년기의 지나친 운동은 오히려 손해
적당한 유산소 운동은 체내의 순환을 돕지만 청소년기의 지나친 운동은 혈액공급의 과잉으로 이어져 성장을 방해하고 소화불량 증상을 악화시킬 수 있습니다. 식사 후의 짧은 산책이나 주기적으로 가벼운 유산소 운동으로 생활리듬을 되찾아주세요.

식사시간에 '잔소리'는 극도의 스트레스 유발

과도한 학업으로 과로를 하거나 불규칙한 수면과 생활이 계속될 경우 소화불량은 더욱 심해지게 됩니다. 특히 잘못된 식습관을 계속해서 방치할 경우, 역류성 식도염이나 위염 등의 질병으로 발전하는 케이스를 많이 볼 수 있습니다. 아이들의 식습관은 대개 부모님을 보고 배우게 됩니다. 아이들뿐만 아니라 부모님과 가족이 함께 식습관에 대해 다시 한 번 돌아보고 점검하는 시간이 반드시 필요합니다.

또 한 가지 조심해야 할 것은 소위 '밥상머리 교육'입니다. 아이와 마주앉아 이야기할 시간이 적다 보니 식사시간에 이런저런 '잔소리'를 늘어놓게 되는 경우가 많은데요, 아이에게 스트레스를 줄 수 있는 말이나 행동은 자제하는 것이 좋습니다. 식사는 생존을 위한 행위이기 때문에 이것이 방해를 받으면 극단적인 스트레스를 받을 수 있습니다.

아이들과 함께 하는 식사시간에 민감한 성적 얘기나 다른 아이들과 비교하는 이야기, 잔소리 등을 늘어놓는 것은 안 그래도 약한 아이의 소화기능을 더욱 떨어뜨리는 직접적인 자극이 될 수 있다는 것을 기억해주세요. 되도록 말을 아끼고 따뜻한 밥 한 끼를 천천히 꼭꼭 씹어 먹을 수 있도록 옆에서 따뜻한 눈빛으로 바라봐주시는 것만으로도 충분합니다.

생활 속에서 실천하는 **밥상 위의 보약**

매실
소화효소 분비를 촉진하여 소화능력 증진

매실은 변비나 위장장애 등에 좋은 약재로, 유기산이 풍부해서 소화효소의 분비를 촉진하여 소화능력을 올려주는 좋은 식품입니다. 매실차를 따뜻하게 하여 식후 또는 수시로 마셔주면 소화기 건강 증진에 큰 도움이 됩니다. 체했을 때도 하루 수차례 따뜻한 매실차를 마시게 해주세요.

생강
신진대사 돕고 장 건강 유지하는 데 탁월

몸을 따뜻하게 하여 혈액순환에 도움이 되는 생강은 소화기관은 물론 온몸의 대사활동을 활발하게 만들어주는 효능이 있습니다. 설사가 심할 때도 좋은 효능을 발휘합니다. 아이들이 생강의 향이나 아린 맛을 싫어하면 대추와 함께 끓여서 마시게 하면 좋습니다.

양배추
손상된 위 점막 재생 효과

식이섬유와 비타민이 풍부한 양배추는 위를 튼튼하게 만들고 보호하는 대표적인 식품입니다. 손상된 위 점막을 재생시켜주는 효과가 있어서 식도염이나 위염 환자들에게도 매우 좋습니다. 샐러드나 녹즙으로 섭취하는 것도 좋고 익혀서 쌈채소로 활용하는 것도 좋습니다.

우리 아이에게 꼭 맞는 **티테라피**

대추생강차

생강은 소화기를 보하고 몸을 따뜻하게 하며 대사량을 높여주는 대표적인 약재입니다. 특히 소화기능이 약한 소음인에게 큰 도움이 되는데요, 아린 맛이나 강한 향이 싫다면 대추와 꿀을 함께 넣어서 차를 만들면 좋습니다.

필요한 재료
- 생강 5~6개, 대추 약간, 꿀 적당량, 물 1컵

만드는 법
- 생강은 깨끗하게 손질해 가늘게 채를 썹니다.
- 대추도 잘 씻어서 가늘게 채를 썹니다.
- 잘 소독해서 습기를 제거한 용기에 생강과 대추를 섞어서 넣고 그 위에 꿀을 자박하게 부어줍니다.
- 꿀 위로 다시 생강과 대추를 차곡차곡 쌓듯이 올리고 꿀을 부어줍니다.
- 상온에 하루 정도 두었다가 냉장실에 넣어두고 뜨거운 물을 부어서 우려 마시게 합니다.

인삼차

인삼은 면역력을 강화하고 기운을 돋워주는 대표적인 약재입니다. 소화기가 약한 소음인들에게는 특히 좋은 보약이 되는데요, 감기에 자주 걸리는 아이들은 차를 만들어두고 겨우내 마시게 하면 큰 도움이 됩니다. 차를 만들고 보관하는 것이 것이 번거롭다면 시판되고 있는 인삼차나 홍삼차도 좋은 대용이 됩니다.

필요한 재료
- 인삼, 꿀 적당량, 물 1컵

만드는 법
- 인삼은 깨끗하게 씻어서 편으로 썰어서 준비합니다.
- 잘 소독해서 습기를 제거한 용기에 인삼을 넣고 인삼이 잠길 만큼 꿀을 붓습니다.
- 상온에서 1~2시간 정도 두었다가 냉장고에 넣어두고 차로 마시게 합니다.

황기차

황기는 떨어진 기력을 끌어올리는 효능이 뛰어나서 땀을 많이 흘리는 여름에 특히 사랑받는 약재입니다. 공부하는 학생들의 만성피로나 식욕부진에도 효과를 기대할 수 있습니다.

필요한 재료

- 황기 12g, 진피 6g, 물 1ℓ

만드는 법

- 황기는 슬라이스된 것으로 준비하는 것이 좋습니다.
- 주전자에 물을 붓고 황기를 넣어 강불로 끓입니다.
- 물이 끓으면 불을 줄여서 20분 정도 달여줍니다.
- 불을 끄고 진피를 넣고 5분 정도 우려내면 완성입니다.
- 물처럼 마시게 합니다.

몸과 마음을 시원하게 풀어주는 지압법

식체를 해소하는 대표적인 혈자리
소상혈

음식을 많이 먹어서 더부룩하거나 지방이 많은 고기나 크림 같이 기름진 음식을 많이 먹은 후에 체한 것처럼 답답하고 배가 안 꺼질 때 소상혈이라고 하여 엄지손톱 아래쪽에 있는 소상혈을 손톱이나 볼펜 끝으로 자극하면 도움이 됩니다.

답답한 명치를 편안하게 해주는 혈자리
상양혈

체해서 많이 힘들어할 때는 검지 손톱 아래쪽에 자리하고 있는 상양혈을 지압해주면 도움이 됩니다. 체했을 때, 목이 붓거나 아플 때도 상양혈을 아프게 자극해주면 금방 트림이 올라오면서 반응을 보이는 걸 느끼실 수 있습니다.

소화를 돕고 만수무강 체질로 바꾸는 혈자리

족삼리

족삼리는 무릎 아래 정강이뼈 바깥쪽에 자리하고 있는 혈자리입니다. 족양명위경의 가장 중요한 혈로 소화기능을 돕고 체한 것을 내리는 효과가 있는 것으로 알려져 있습니다. 위염, 십이지장궤양, 트림, 구토, 메스꺼움, 위경련, 딸꾹질, 곽란 등에 두루 효과가 있습니다.

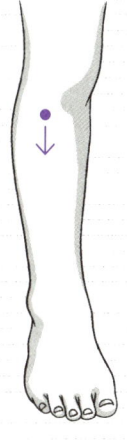

날씨와 상관없이 손발이 너무 차요

우리 몸을 따뜻하게 하는 것은 혈액입니다. 따뜻한 피가 손끝 발끝까지 잘 돌아야 냉기가 빠져나간다고 생각하면 쉽습니다. 우리 몸 구석구석까지 피를 돌게 하는 것이 바로 심장이 역할입니다. 그런데 심장이 피로하고 지치면 피가 심장에서 가장 먼 손끝, 발끝까지 충분히 전달되지 못하게 됩니다. 한마디로 혈액순환이 원활하지 않을 때 손발이 차갑게 되는 것입니다.

학업 때문에 스트레스를 많이 받거나 늘 신경을 곤두세우고 사는 아이들은 피가 다 머리로만 몰리게 됩니다. 실제로 체열사진을 찍어보면 상체부터 머리 쪽만 빨간색으로 나타나는 것을 볼 수 있습니다. 반대로 손끝, 발끝, 아랫배 부위는 파란색을 띠는데, 혈액순환이 안 좋은 아이들은 거의가 이 세 부위에 냉증이 나타나게 됩니다.

온도변화에 매우 민감하게 반응하는 아이들

SOLUTION   뜨거운 물을 많이 마시게 하세요

청소년기에는 혈액순환 때문에 문제를 겪는 경우가 그리 많지 않습니다. 한창 성장할 때인 만큼 규칙적인 운동과 적절한 영양 섭취가 이루어지면 혈액순환이 잘 되는 편이죠. 그런데 요즘 청소년들 중에는 수족냉증을 호소하는 아이들이 많습니다. 공부하는 환경이 그만큼 고되다는 이야기겠지요.

우리 몸의 70%는 물로 되어 있습니다. 물이 데워지는 속도는 부피에 비례하지요. 그래서 체격이 큰 아이들은 비교적 주변 온도에 천천히 반응합니다. 그런데 마른 아이들은 얇은 양철지붕처럼 확 뜨거워지고 확 차가워지는 경향이 있습니다. 실제로 손발이 유독 차가운 아이들 중에는 몸이 마른 경우가 많고 추위나 더위를 잘 타는 등 온도변화에도 매우 민감하게 반응을 보입니다. 손발의 온도도 조금만 추운 데 있어도 바로 차가워집니다.

제일 중요한 처방은 물을 많이 마시게 하는 것입니다. 그런데 이런 아이들은 물 마시기를 싫어합니다. 물만 마시면 뭔가 불편한 느낌이 든다고 하지요. 그러면서 화장실은 자주 갑니다. 그러니 수분이 부족해지는 것입니다.

물을 마시면 속이 불편하다고 하는 아이들을 보면 대부분 냉수를 좋아합니다. 공부 때문에 스트레스 받고 신경을 쓰면 열이 얼굴로 몰리는데 얼굴이 뜨겁고 입이 마르니까 찬물을 찾게 되는 것입니다. 손발이 차가운 아이들은 반드시 뜨거운 물을 마시게 해야 합니다. 따뜻한 물을 마시면 평소의 3~5배 정도 먹을 수 있습니다.

전체적으로 체온이 낮은 아이들
SOLUTION **반신욕으로 체온을 올려주세요**

반신욕은 수족냉증에 매우 효과적인 방법입니다. 머리와 가슴은 시원하게 하고 배와 다리는 따뜻하게 해주니 혈액순환을 활발하게 하는 데는 최고의 방법이라고 할 수 있지요. 반신욕을 할 때 손까지 물속에 넣고 앉아 있으면 더 좋습니다. 아래쪽의 찬 기운이 위로 올라오고 머리 쪽에 있는 열은 아래로 내려가면서 혈액순환이 원활하게 이루어져 말초 부위까지 따뜻하게 혈액이 닿을 수 있습니다.

반신욕 하기 전에 뜨거운 물을 한 잔 마시고, 마친 뒤에도 따뜻한 물을 한 잔 마셔주면 반신욕의 효과를 배가시킬 수 있습니다.

몸 안팎을 따뜻하게 해주세요

요즘은 핫팩이나 보온 물주머니가 다양하게 나와 있습니다. 등이나 아랫배에 이런 보온제품을 대고 앉아 있으면 하루 종일 책상 앞에서 앉아 있느라 지친 몸이 조금이나마 편안해집니다. 발밑에 핫팩을 붙이는 것도 좋은 방법입니다. 집안 온도도 따뜻하게 하고 옷도 따뜻하게 입고 항상 뜨거운 물이나 차를 갖고 다니며 마시게 하면 몸 안팎이 모두 따뜻해집니다.

생활 속에서 실천하는 **밥상 위의 보약**

생강

오장육부의 냉기를 제거하는 식품

생강은 위를 따뜻하게 하는 대표적인 식품입니다. 추위를 많이 타고 잘 체하는 사람에게 도움이 되는 것으로 잘 알려져 있죠. 음식에 조금씩 넣어서 먹거나 차로 마시면 좋습니다. 다만 열이 많은 아이들이 장복하면 가슴이 답답하거나 두드러기가 날 수 있으니 주의가 필요합니다.

부추

몸을 따뜻하게 하는 대표적인 식품

부추는 알리신 성분을 함유하고 있어 몸이 이로운 점이 많은 식품입니다. 혈액의 양을 늘려주며 혈관을 확장시켜 혈액순환을 촉진하는 기능을 갖고 있습니다. 파, 마늘과 더불어 몸을 따뜻하게 하는 대표적인 식품이라 몸에 찬 기운이 도는 사람에게 도움이 됩니다.

귤과 유자
보약과 차, 입욕제 등으로 두루 사용

귤은 성질이 따뜻해 겨울 보약으로 쓰이는 식품이지요. 귤껍질은 진피차로 마시면 좋고 잘 말려서 입욕제로 사용하는 것도 좋습니다. 귤껍질을 잘 말려서 탕 속에 넣고 입욕을 하면 금방 몸이 더워지는 것을 느낄 수 있습니다. 유자도 비슷한 성질을 갖고 있어서 유자청을 만들어 두었다가 음식에 조금씩 넣어주면 좋습니다.

우리 아이에게 꼭 맞는 **티테라피**

대추차

대추는 따뜻한 성질을 갖고 있어서 손발이 찬 아이들에게 아주 좋은 식품입니다. 약재로도 많이 쓰이는데요, 서늘한 가을에는 생대추 몇 알만 먹어도 몸이 한결 따뜻해지는 것을 느낄 수 있습니다. 불면증이 있거나 잠을 푹 자지 못하는 아이들에게도 도움이 됩니다. 다만 몸이 마르고 변비가 있는 아이들에겐 썩 좋지 않으니 주의하세요.

필요한 재료
- 대추 10개, 물 1ℓ

만드는 법
- 대추는 깨끗하게 씻어서 물기를 제거합니다.
- 냄비에 대추를 넣고 물을 부어서 끓입니다.
- 충분히 끓인 뒤 대추가 물러지면 불을 줄이고 졸여주세요.
- 대추를 건져 잘 으깬 뒤 과육만 걸러 넣고 한 번 더 끓입니다.
- 불을 끄고 꿀을 넣어 잘 저어주면 완성입니다.

인삼차

인삼은 성질이 따뜻하고 단맛을 갖고 있어 원기를 보하고 혈액을 만드는 데 도움이 되는 약재입니다. 피로예방에도 효과적이며 뇌와 근육 활동을 활발하게 하는 작용도 하지요. 공부하는 학생들의 스트레스 완화에도 효과를 기대할 수 있습니다. 다만, 몸에 열이 많고 혈압이 높은 아이들에게는 맞지 않아 주의가 필요합니다.

필요한 재료
- 인삼 1뿌리, 대추 2알, 생강 3쪽, 물 1ℓ

만드는 법
- 큼직한 냄비에 물을 넉넉히 담아주세요.
- 준비한 재료를 깨끗하게 손질해서 넣습니다.
- 끓기 시작하면 불을 줄여서 약한 불에서 1시간 정도 끓이면 됩니다.

생강차

생강은 몸을 따뜻하게 하며 신진대사를 촉진하고 혈액순환을 원활하게 해줍니다. 혈류가 개선되면 어깨통증과 피로회복에도 효과가 있지요. 감기에 걸렸을 때도 해열작용과 발한작용, 호흡기 안정 기능 등을 발휘합니다.

필요한 재료

- 생강, 꿀 적당량, 물 1컵

만드는 법

- 생강은 깨끗하게 손질해서 가늘게 채를 썹니다.
- 잘 소독해서 물기를 제거한 용기에 생강을 넣고 그 위에 꿀을 자박하게 붓습니다.
- 꿀 위로 다시 생강을 차곡차곡 쌓듯이 올려줍니다.
- 생강과 꿀을 번갈아 넣어준 뒤 생강이 완전히 잠기도록 꿀을 부어줍니다.
- 냉장고에 넣어두고 차로 마시게 합니다.

몸과 마음을 시원하게 풀어주는 지압법

기운을 북돋워주는 혈자리
부류혈

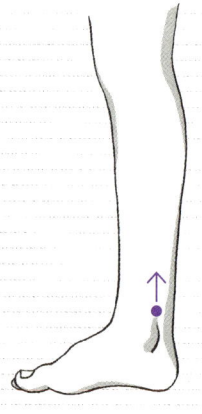

부류혈은 우리 몸을 구성하는 진액을 주관하는 자리라고 하여 피, 땀, 골수, 호르몬 등의 진액을 원활하게 소통시키고 보다 충만하게 만드는 효능이 있습니다. 발목 안쪽 복숭아뼈 위로 손가락 3개 정도 윗부분에 뼈와 근육 사이로 움푹 들어간 지점에 자리하고 있는데요, 남녀 모두에게 기운을 북돋워주는 혈자리입니다.

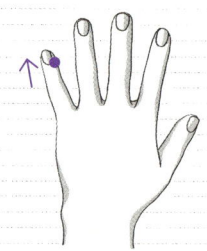

몸이 따뜻해지고 활력이 생기는
소충혈

소충혈은 새끼손가락 손톱 안쪽 방향으로 손톱 뿌리의 2mm 정도에 위치하고 있습니다. 이곳을 자극하면 몸이 따뜻해지고 활력이 생기는 효능이 있습니다. 새끼손가락 전체를 손바닥에서 손끝 방향으로 천천히 자극하며 올라주는 것을 반복하는 것도 매우 좋습니다. 양손 모두를 그렇게 반복해주면 마음이 따뜻해지고 우울한 기분이 조금이나마 나아지는 것을 느낄 수 있습니다.

생리통이 너무 심해요

　청소년기의 여성 35%가 생리통으로 인해 진통제를 복용하고 있다고 합니다. 생리통은 학교, 학원 등을 결석하게 되는 원인이 되는 것은 물론, 생리기간 동안 좋지 않은 컨디션 때문에 무기력한 생활을 하는 일도 많지요. 아이들의 체질이나 건강상태에 따라 통증이 심각한 경우도 많기 때문에 세심하게 살펴주시는 것이 좋습니다.

　또한 생리기간과 시험이 겹칠까봐, 생리통 때문에 성적에 지장이 생길까봐, 생리 때만 되면 예민해져서 짜증, 불안이 점차 커져서 큰 스트레스로 작용하는 경우도 생기죠. 이는 결국, 불면증, 기억력 저하, 우울과 같은 부정적인 감정이 되어 공부에 집중을 못하게 되는 악순환이 생길 수 있습니다.

자궁발육이나 기능 개선 도모하는 치료
SOLUTION 생활습관의 개선, 음식의 변화로 완화할 수 있어요

생리통은 일차성 생리통과 이차성 생리통으로 나뉘는데, 일차성 생리통은 배란주기가 어느 정도 확립된 14~15세부터 나타나는 경우가 많습니다. 대부분 하복부의 통증과 함께 오심, 구토, 설사, 두통, 피로, 어지러움, 현기증, 식욕감퇴 등을 동반합니다.

한의학적으로 생리통은 몸이 냉하여 순환이 잘 되지 않는 경우, 스트레스로 인해 기운이 울체된 경우, 노폐물이 많이 쌓인 경우 생기는 것으로 봅니다. 청소년기의 생리통은 통증을 없애는 것뿐만 아니라 자궁발육이나 자궁의 기능이 정상적으로 성숙될 수 있도록 함께 도와주어야 합니다.

생활습관의 개선, 음식의 변화만으로도 어느 정도는 생리통을 완화시킬 수 있기 때문에 부모님의 보다 적극적인 관심과 도움이 필수적입니다. 자궁이 건강하게 성장할 수 있도록 음식, 환경 등에 고루 신경을 써주세요.

이차성 생리통은 골반이나 장기의 이상에 의해 나타나는데, 자궁근종, 골반염, 자궁내막증 등의 병변이 원인이 되는 생리통을 말합니다. 보통은 20세 이상의 성인 여성에게서 나타나지만 요즘은 10대에서도 점차 증가 추세를 보이기 때문에 평균 이상의 극심한 생리통을 호소할 경우, 병원진찰을 받아보시는 것이 좋습니다.

아름다운 여성으로 성장하기 위한 숙제

SOLUTION 아이의 고통에 진심으로 공감해주세요

생리는 여자라면 거의 다 겪는 일이지만, 생리통의 강도는 전부 다릅니다. 그 고통이 심하고 스트레스가 심할수록 매달 치러야 하는 생리기간이 아이들에게는 크나큰 핸디캡이 될 수 있습니다. 하지만 이것을 잘 받아들이고 극복해가는 방법을 공부하는 것 또한 아름다운 여성으로 성장하기 위한 숙제이기에 가볍게 지나칠 수 없는 문제이기도 하지요.

임신과 출산은 여자만이 겪는 숭고하고 아름다운 일이지요. 이를 위해 생리는 필수적인 일입니다. 단순히 생리기간이 공부에 방해만 되는 짜증나는 일이라고 생각하면 아이는 더 스트레스를 받을 수밖에 없습니다. 스스로 자기 몸을 돌볼 수 있도록, 건강한 자궁을 만들어갈 수 있도록 최대한 극복할 수 있는 방법을 함께 찾기 위해 노력해주세요.

그리고 절대 그 고민이 남들도 다 겪는 가벼운 일이라고 치부하지 말아주세요. 얼마나 고통스러운지, 얼마나 신경이 예민해지고 곤두서

몸을 따뜻하게 해주세요

아랫배에 핫팩이나 따뜻한 수건을 올려 따뜻하게 해주면 생리통을 완화하는 데 도움이 됩니다. 골반으로 가는 혈류량을 늘려 자궁수축을 완화하는 데 도움이 되기 때문인데요. 기본적인 방법이지만 그만큼 효과도 확실한 방법입니다.

는 일인지, 그로 인해 공부에 얼마나 지장을 받고 있는지 부모님이 누구보다 잘 이해하고 이야기를 들어주셔야 아이도 자신의 통증과 고민을 자연스럽게 털어놓고 해결방법을 찾아갈 수 있습니다.

또한 이런 과정을 통해 어릴 때부터 부인과 질병에 대한 지식을 쌓고 스스로 자신의 몸을 지킬 수 있는 현명한 여성으로 성장하도록 도와주시는 것이 중요합니다.

> **편안하고 따뜻한 옷을 준비해주세요**
> 타이트하게 몸을 조이는 바지나 스타킹은 골반과 하복부의 혈액순환에 방해가 되기 때문에 생리통을 더욱 심하게 만드는 요인이 됩니다. 통풍이 잘 되고 보온이 잘 되는 옷을 입어서 체온을 몸을 따뜻하게 유지하게 해주세요.

생활 속에서 실천하는 **밥상 위의 보약**

과일과 채소
비타민이 풍부해 호르몬 균형 유지

생리기간 중 부족해지는 세로토닌 호르몬을 보충하고 비타민을 보충하기 위해서 신선한 과일과 채소는 필수지요. 여성호르몬인 에스트로겐과 유사한 성분이 많아 체내 호르몬 균형을 맞춰주는 것으로 알려진 석류와 비타민 B_6가 풍부해 생리로 인한 부종을 완화해주는 바나나 등이 특히 좋습니다.

미역, 다시마 등 해조류
자궁을 깨끗하게 해 질병 예방

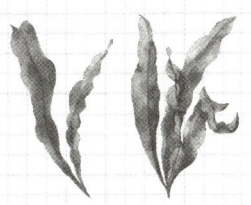

해조류는 칼슘, 요오드 등이 풍부하게 함유되어 있어 자궁수축과 지혈을 돕습니다. 자궁과 혈관에 쌓인 노폐물을 제거해주기 때문에 혈액을 깨끗하고 원활하게 순환시켜 생리통 개선은 물론, 난소질환 예방에도 좋은 식품입니다.

우엉
여성호르몬 분비를 촉진하는 식품

우엉은 여성호르몬 분비를 촉진시키는 칼륨과 섬유질이 풍부하여 생리통, 생리불순 등에 도움이 됩니다. 우엉차는 당의 흡수를 조절하여 건강한 다이어트에도 도움이 되기 때문에 여자 아이들에게는 여러모로 좋은 식품이라고 할 수 있겠지요.

우리 아이에게 꼭 맞는 **티테라피**

쑥차

쑥은 비타민 A와 비타민 C가 풍부해 몸의 저항력을 길러주고 감기의 예방과 치료에 좋은 효과를 나타냅니다. 또한 자궁을 따뜻하게 하고 자궁과 위벽의 염증을 낫게 하여 건강한 자궁으로 회복을 돕는 약재입니다. 손발이 차고 하복부가 냉한 청소년기 생리통에도 좋은 약재가 되는데요, 쑥국이나 쑥차로 마시면 아주 좋습니다. 봄에 나는 연한 쑥으로 국을 끓여 먹는 것도 좋습니다.

필요한 재료
- 쑥 한 줌, 물 1컵

만드는 법
- 쑥은 잎만 따서 잘 씻은 후 물기를 빼주세요.
- 손질한 쑥을 잘게 썰어 그늘에서 3일 정도 말립니다.
- 쑥 한 줌에 끓인 물 한 잔을 붓고 5~10분 정도 우려냅니다.
- 날마다 한두 잔 마시게 합니다.

홍삼차

혈액순환을 돕고 자궁 내 독소 및 노폐물을 배출하는 홍삼은 생리통 개선에 효과가 좋은 약재입니다. 엑기스나 고, 과립, 캡슐 등 다양한 형태의 제품이 시판되고 있습니다. 차로 나와 있는 제품을 구입해서 섭취하는 것도 간단한 방법입니다.

홍삼은 사포닌 성분이 풍부하여 면역력 향상은 물론 피로 회복, 체력 증진, 기억력 회복에 도움을 받을 수 있는 약재이므로 청소년기에 섭취하면 전반적인 건강 향상에 도움이 됩니다.

필요한 재료
- 홍삼 원액 1큰술, 꿀 적당량, 물 1컵

만드는 법
- 뜨거운 물에 홍삼 원액을 넣어 섞어주세요.
- 기호에 따라 꿀을 넣어서 마시면 됩니다.

몸과 마음을 시원하게 풀어주는 **지압법**

통증 완화하고 혈액순환 돕는 혈자리
후계혈

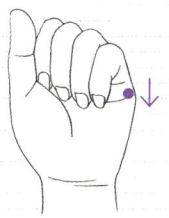

목을 포함해서 얼굴에 관계된 모든 이비인후 질환에 효과를 발휘하는 혈자리인데요, 여성들의 자궁병이나 소변, 대변의 배설을 용이하게 해주는 혈자리이기도 합니다. 기본적으로 모든 유형의 생리통에 효과가 좋습니다. 온몸에 혈액을 순환시켜서 통증을 완화시키고 혈액순환을 도와줍니다. 손가락에서 손목 쪽으로 쓸어내리듯 자극해주세요.

부인과 질환 개선해주는 혈자리
소해혈

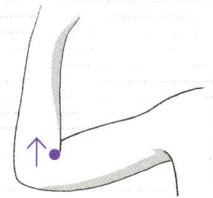

소해혈은 팔꿈치 안쪽에 자리하고 있습니다. 정신을 편안하게 하고 경락을 잘 통하게 하는 효능이 있습니다. 신경쇠약에 소해혈을 손끝으로 누르듯이 자극하면 마음의 안정을 찾을 수 있고 신경과민으로 인한 불면증에도 도움을 받을 수 있습니다. 또한 부인과 질환과 생식기 질환에도 효과가 있습니다.

일 년 내내 감기를 달고 살아요

건강한 아이가 감기에 걸리면 특별한 치료를 하지 않아도 3~4일 후부터 자연스럽게 호전되는 것이 보통입니다. 그런데 유독 자주 감기에 걸린다는 것은 일반적인 아이들에 비해 면역력이 떨어져 있는 상태라고 할 수 있지요. 이런 아이들에게 계속해서 감기약이나 항생제를 먹이는 것은 좋지 않습니다. 약에 대해 내성이 생기거나 독한 항생제의 반복된 복용으로 위에 좋지 않은 영향을 미칠 수 있기 때문이죠.

최근에는 항생제 과용의 위험에 대해 경고의 목소리가 높아지고 있습니다. 어릴 때부터 가벼운 감기는 약을 먹이지 않고 자연적으로 아이의 몸에서 바이러스를 몰아낼 수 있도록 기다려주는 것이 가장 좋은 방법입니다.

바이러스 이겨낼 힘이 없는 아이들
SOLUTION 꾸준한 건강관리로 면역력을 키워주세요

면역력이 약한 아이들은 스스로 바이러스를 이겨낼 힘이 없습니다. 그럴 경우 감기가 스스로 낫기를 무작정 기다리는 것은 아이의 고통과 합병증을 키울 수 있습니다.

해마다 5회 이상 감기에 걸리거나, 한번 걸리면 쉽게 낫지 않는 아이들의 경우 급성중이염, 부비동염(축농증), 기관지염 등의 합병증이 나타나기 쉽고, 감기가 폐렴으로 이어지는 경우도 있는 만큼 잦은 감기는 반드시 관리와 치료를 통해 살피는 것이 중요합니다.

이때는 면역력을 강화하는 데 중점을 두어야 합니다. 우리 주변에는 항상 200여 종류의 감기 바이러스가 떠다니기 때문에 감기 바이러스 자체를 차단하는 것은 사실상 불가능하기 때문이죠. 어떤 바이러스가 들어오더라도 이겨낼 수 있도록 건강한 몸을 만드는 것이 근본치료라고 할 수 있습니다. 면역력은 하루아침에 만들어지는 것이 아니기 때문에 평소 생활습관은 물론 음식, 운동, 충분한 수면 등을 통해 꾸준히 건강을 유지할 수 있도록 관리해주어야 합니다.

다만 10일 이상 감기가 계속되거나 39℃ 이상의 발열, 식은땀과 오한, 심한 피로감, 복통, 심한 두통, 호흡곤란, 지속적인 기침 등을 동반할 경우 단순감기가 아닐 수도 있으므로 반드시 병원을 찾아 검사와 치료를 받아야 합니다.

추위에 몸이 상해 기가 감해진 것이 감기
SOLUTION **따뜻하게 입고 먹고 마시는 것이 좋아요**

감기는 '기(氣)가 감(減)해졌다'는 뜻을 담고 있지요. 여기서 '기'는 면역력과 비슷한 의미로 해석할 수 있습니다. 스트레스를 받거나, 신경을 쓰거나, 과로를 하거나, 추위에 갑작스레 노출이 되었을 때 우리 몸을 방어하는 기가 약해지고, 면역력이 떨어지면서 나타나는 증상이기에 평소의 생활 관리가 중요합니다.

일단은 옷을 따뜻하게 입는 것 중요합니다. 한의학적으로 상한(傷寒)은 한사(추위)에 상한다는 뜻이기에 기본적으로 따뜻하게 입고, 따뜻하게 마시고, 따뜻하게 먹는 것이 도움이 됩니다. 특히 청소년들은 외모에 민감해서 겨울에도 춥게 입고, 사시사철 냉수를 마시는 경우도 많습니다. 이런 사소한 습관들이 쌓여서 건강을 해치게 된다는 것을 잘 설명해서 인지하게 해주시는 것이 좋습니다.

청결한 환경과 신체는 감기 예방의 기본

외출 후에는 반드시 손발을 씻은 뒤 공부를 하거나 잠자리에 들도록 해야 합니다. 평소 학교생활 중에도 손을 자주 씻어 손에 묻어 있을 수 있는 감기 바이러스를 없애 접촉의 기회를 차단하는 것이 중요합니다. 침구를 깨끗하게 하고 공부방의 습도와 온도를 조절하는 등 환경을 청결하게 해주는 것 또한 잊지 마세요.

생활 속에서 실천하는 **밥상 위의 보약**

마른 아이에게는 달고 신 음식, 뚱뚱한 아이에게는 매운 음식

감기는 한의학적으로 '한사(寒邪 차가운 나쁜 기운)가 덮쳤다'라고 표현하는데, 땀으로 찬 기운을 발산하는 것이 해법입니다. 땀을 내는 식품은 아이의 체질에 따라 달라집니다. 마른 아이에게 생강이나 계피처럼 열을 확 날려버리는 식품만 먹이면 몸속의 물까지 다 발산시켜 오히려 마른기침을 유발할 수 있기 때문에 유자, 레몬, 자몽 등 비타민 C가 풍부하고 신맛이 있어 열은 살짝만 발산하고 동시에 몸을 보할 수 있는 식품이 좋습니다.

반대로 체격이 좀 있는 아이는 매운 성격의 생강, 계피 등으로 몸속의 열을 확실하게 발산시켜 주는 것이 더 효과적입니다. 애매할 경우에는 두 가지를 섞여 먹이는 것이 좋습니다. 레몬생강차 정도면 무난하다고 할 수 있겠네요.

① **목감기에 자주 걸리는 아이에겐**
- 배와 무 : 배는 기본적으로 차가운 성질을 가지고 있어서 목의 염증을 완화하고 기침을 멎게 합니다. 또한 수분이 많아서 가래를

내려주는 효과가 뛰어난 과일이죠. 비타민 C가 풍부한 무 또한 면역력을 높여주고 목의 통증과 기침완화에 도움을 주는데, 배와 무를 대추와 함께 오래 끓인 물을 마시면 매우 효과적입니다.

- 유자와 모과 : 유자는 비타민 C가 풍부하여 피로회복, 기침, 재채기, 목 따가움에 효과적인 식품입니다. 소염작용와 해열작용 또한 뛰어나 목이 붓거나 기침이 심할 때 아주 좋지요. 모과도 면역력 향상에 도움을 주고 비타민이 풍부하여 차로 마시면 기관지염이나 폐렴, 천식 등에 효과적이며, 갈증을 해소하는 데도 매우 탁월합니다.
- 도라지 : 목감기가 심해서 목이 아플 때, 도라지와 꿀을 섞어 차로 마시면 가래를 삭혀주고 기침을 잦아들게 하는 효과를 볼 수 있으며 장복하면 기관지 건강 증진에도 매우 좋습니다.

② 코감기에 자주 걸리는 아이에겐

- 총백 : 대파의 흰 부분과 파뿌리를 함께 잘라낸 낸 것을 총백이라고 합니다. 땀을 잘 나게 해서 찬 기운을 몸 밖으로 배출하고 열을 떨어뜨리는 효능이 뛰어난 약재입니다. 특히 감기 초기에 오한이 있고 콧물, 재채기가 시작될 때 도움이 됩니다. 목감기와 해열에 특효약이며 면역력 증강에도 좋습니다.
- 박하 : 박하는 동서양을 막론하고 오랫동안 다양하게 활용되어 온 약재입니다. 페퍼민트, 스피아민트 등 민트 계열의 허브가 바로 박하인데요, 박하에 들어 있는 멘톨 성분이 코막힘 해결에 특히 효과적입니다. 해열작용도 뛰어나 열을 내리는 데도 도움이 되고,

인후염이나 편도염의 염증을 가라앉히고 통증을 완화해줍니다.
- 호박 : 호박은 코 점막을 튼튼하게 해서 코감기에 저항력을 높여주고 베타카로틴 성분이 풍부해 면역력 향상에도 도움이 되는 식품이죠. 체온을 높여주는 식품으로 추워서 걸린 감기에 탁월한 효능을 보입니다.
- 신이 : 백목련 꽃봉오리 말린 약재를 신이라고 합니다. 봄에 따놓았다가 말려서 생강과 함께 달여서 차로 마시면 코감기, 비염 등 코 질환에 도움이 됩니다.

우리 아이에게 꼭 맞는 **티테라피**

맥문동차

맥문동은 기관지질환, 기침 치료에 으뜸으로 치는 약재입니다. 특히 겨울철 체력증강, 갈증해소, 기침예방, 원기충전, 천식치료, 폐기능 강화에 좋습니다. 폐에 윤기를 주고 기관지염이나 감기로 인한 기침을 완화해주며 열을 내려 갈증을 해소하고 미세먼지에도 해독효과를 기대할 수 있습니다.

필요한 재료
- 볶은 맥문동 1숟갈, 물 1ℓ

만드는 법
- 주전자에 맥문동을 넣고 물을 부어 끓입니다.
- 물이 끓으면 약한 불로 줄여서 30분가량 달입니다.
- 따뜻하게 데워서 물처럼 마시게 합니다.

총백차

대파의 흰 부분과 파뿌리를 함께 잘라낸 낸 것을 총백이라고 합니다. 땀을 잘 나게 해서 찬 기운을 몸 밖으로 배출하고 열을 떨어뜨리는 효능이 뛰어난 약재로, 알리신이라는 성분이 혈액순환에 도움을 주며 두통, 설사, 해열, 발한, 복통에 효과적입니다. 특히 감기 초기에 오한이 있고 콧물, 재채기가 시작될 때 도움이 됩니다. 목감기와 해열에 특효약이며 면역력 증강에도 좋습니다.

필요한 재료
- 총백 10g, 물 1ℓ

만드는 법
- 말린 총백을 흐르는 물에 깨끗이 씻어서 준비합니다.
- 주전자에 총백을 넣고 물을 부어 끓여주세요.
- 물이 끓기 시작하면 불을 줄여서 약불에서 10분간 더 끓여줍니다.
- 너무 오래 끓이면 약성이 떨어지므로 오래 달이지 마세요.

몸과 마음을 시원하게 풀어주는 지압법

폐에 열을 불어넣어 주는 혈자리
어제혈

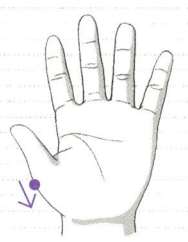

폐경락을 지나는 혈자리로 손목에서 엄지손가락 쪽으로 자극해주면 폐에 열을 불어넣어 호흡기를 따뜻하게 하고 한증으로 인한 콧물을 멈출 수 있습니다. 어제혈을 반대로 자극하면 폐의 화기를 빼주어 건조한 기관지를 개선시키기 때문에 기침이 계속 날 때 좋습니다. 증상에 따라 어제혈의 지압 방향을 잘 활용하면 됩니다.

막힌 코를 시원하게 뚫어주는 혈자리
영향혈

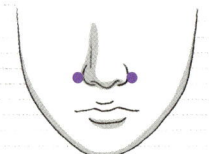

콧물 때문에 코가 막히면 뇌에 산소공급이 원활하지 않아서 숨쉬기가 힘들뿐더러 공부에 집중하기도 점차 어려워집니다. 답답한 코막힘을 해소하려면 콧방울 양쪽 끝에 있는 영향혈을 자극해주면 좋은데, 잠자리에 들기 전에 영향혈에 좁쌀 같은 작은 알갱이를 테이프로 붙여주면 다음날 코막힘이 어느 정도 해소되는 효과를 볼 수 있습니다.

갑자기 틱 장애가 생겼어요

틱(Tic)이란 특별한 이유 없이 자신도 모르게 얼굴이나 목, 어깨, 몸통 등의 신체 일부분을 아주 빠르게 반복적으로 움직이거나 이상한 소리를 내는 것을 말합니다. 목적도 없이 이상한 형태로 한 부위가 계속 움직이는 증상이 나타나는데요, 아이에 따라 유형이 매우 다양합니다. 눈을 계속 깜박이거나, 입을 실룩거리거나, 얼굴을 계속해서 찡그렸다 폈다 하거나, 머리를 흔들거나, 어깨를 움찔움찔하거나, 코를 실룩거리는 등 말하자면 일종의 떠는 버릇이 나타납니다.

힘든 마음이 일으키는 바람

한방에서는 이처럼 실룩거리는 증상을 풍으로 보고 있습니다. 즉 힘든 마음이 일으키는 바람인 것입니다. 틱은 반복적인 움직임으로 나타나는 운동 틱(근육 틱), 소리를 내는 것을 음성 틱이라고 하는데, 이 두 가지의 틱 증상이 모두 나타나면서 전체 유병기간이 1년을 넘는 것을 뚜렛병이라고 합니다. 7~8세 전후에 가장 많이 나타나고 전체 아동의 10~20%에서 일시적인 증상이 나타나고 있으나, 신경학적인 검사로는 아무 이상도 없는 것이 특징입니다.

틱 장애는 과다 경쟁에서 오는 스트레스가 원인인 경우가 가장 많습니다. 유치원에서부터 시작되는 또래들과의 경쟁, 부모의 과도한 기대 등이 아이들의 마음을 힘들게 하는데요, 부모의 기대를 힘닿는 데까지 쫓아 가다가 결국은 '나 힘들어, 더는 못하겠어!' 하는 표현이 몸으로 나타나는 것이 틱 장애인 것입니다.

그 외에 유전적인 요인, 뇌의 구조적, 기능적 또는 생화학적 이상, 호르몬 이상, 출산과정에서의 뇌 손상이나 세균감염과 관련된 면역반응 이상 등이 틱의 발생과 관련이 있는 것으로 알려져 있습니다.

그 밖에도 학습 요인, 심리적 요인 등이 틱의 발생과 악화에 관련되어 있다고 봅니다. 예를 들어 아주 가벼운 일시적인 틱은 주위의 관심이나 환경적 요인에 의해 강화되어 나타나거나, 특정한 사회적 상황과 연관되어 나타날 수 있습니다.

가족이 틱의 증상을 오해하고 창피를 주거나 벌을 주어서 증상을 제지해 보려고 한다면 아이는 정서적으로 불안해져 증상이 오히려 악화될 수 있어 주의가 필요합니다.

틱 장애 치료와 관리의 포인트

SOLUTION 아이의 고통을 이해하고 보듬어주세요

틱 장애는 치료가 어렵고 일단 치료되어도 재발되기 쉽습니다. 자신의 의지로 어느 정도는 자제할 수 있지만 참고 있는 동안에 긴장이 높아져서 불안이 더 커질 수 있습니다. 행동요법을 시행하기도 하며 부모의 태도 여하에 따라서 비교적 빨리 치료될 수도 있습니다. 조기에 치료하지 않고 방치할 경우, 30~40%가 성인기에도 증상이 계속되거나 심한 후유증을 남길 수 있어 주의 깊은 관찰이 필요합니다.

틱 장애 치료에 있어 가장 중요한 것은 부모가 아이의 마음을 이해하는 것입니다. 부모가 아이의 마음을 알아주고 심리상태, 감정 상황을 따뜻하게 어루만져주는 것만으로도 자연스레 감소합니다. 아이의 고통을 이해하고, 마음을 느끼고, 여유를 주고, 마음속에서 일렁이고 있는 바람이 분출될 수 있는 통로를 마련해 주는 것이 치료의 핵심입니다

심각하게 대응하지 말고 모른 척 넘어가주세요

틱 증상을 갖고 있는 아이들 대부분은 자신이 틱을 하고 있다는 것을 깨닫지 못합니다. 때문에 번번이 지적을 하거나 틱을 하지 말라고 주의를 주는 것은 아이를 불안하게 만들 수 있습니다. 불안은 틱 증상을 가중시킵니다. 아이가 틱을 할 때는 증상이나 간격, 기간 등을 주의 깊게 관찰하되 틱 자체는 모른 척해주는 것이 좋습니다. 그때마다 다정하게 말을 걸어서 아이의 주의를 환기시키고 부모님의 사랑을 느끼게 해주는 것이 오히려 힘을 발휘합니다.

다. 부모와 아이가 서로 마음이 통하고 이해의 폭이 커지면 의외로 쉽게 치료될 수도 있습니다.

틱 장애는 큰 병이라고 걱정하기보다는 아이가 반드시 치료할 수 있다는 자신감을 갖도록 해주고 적당한 휴식과 놀이거리를 제공해주고 생활을 전반적으로 여유 있게 해주는 것이 좋습니다. 아이를 혼내거나 벌을 주면 오히려 역효과를 거둘 수 있으니 주의하시는 것이 좋습니다.

틱 증상은 일부러 혹은 고의로 증상을 만들어내는 것이 아니며 뇌의 이상에서 비롯되는 병이므로 아이를 나무라거나 비난하기, 놀리기, 지적하기 등은 피하는 것이 좋습니다. 초기에 가장 효과가 좋은 대책은 증상을 무시하고 증상에 대해 관심을 주지 않는 것입니다.

그리고 자주 사랑한다고, 이해한다고 말해주세요. 말만이 아니라 진심을 담아 마음으로 전달하면 아이들은 안도감을 느낍니다. 빠른 증상 회복에 이보다 더 좋은 약은 없습니다. 학교에도 적극적인 도움을 요청하는 것이 좋은데요, 선생님이 교실 내에서 긍정적이고 지지적인 환

아로마테라피로 마음의 안정을 찾아주세요

베이질, 라벤더(소엽), 캐모마일의 에센셜오일을 1:1:1의 비율로 섞어서 아이 방에 향이 은은하게 퍼지도록 놓아주세요. 베이질은 정신적인 안정에, 라벤더는 스트레스 해소와 몸을 가볍게 하는 데, 캐모마일은 아이들의 정서안정에 도움이 되는 약재입니다. 틱 부위를 마사지해주는 것도 좋습니다.

경을 제공해주는 것이 많은 도움이 되기 때문입니다.

일과성 틱 장애가 아닌 만성 틱 장애, 뚜렛병의 경우에는 대개 약물 치료가 시행됩니다. 틱은 분명 만성적인 질병이지만 전체적으로 예후는 좋은 편입니다. 음성 틱은 완전히 사라지는 경우가 많고 근육 틱 역시 호전되는 경우가 많습니다.

생활 속에서 실천하는 **밥상 위의 보약**

견과류
스트레스 해소하는 슈퍼푸드

예민한 아이들에게는 견과류가 도움이 됩니다. 견과류에는 항산화제, 불포화지방산, 오메가3 지방산 등이 풍부하게 함유되어 있어 긴장감을 완화하고 스트레스를 해소하는 데 도움이 됩니다. 아침저녁으로 아몬드나 호두 등 아이가 좋아하는 견과류를 몇 알씩 먹게 하면 좋습니다.

바나나
심신안정 유도하는 최고의 간식

바나나의 단맛은 아이들의 심신을 편안하게 안정시키는 효과가 있습니다. 또한 섬유소가 많아서 포만감을 주기 때문에 허기로 인해 발생하는 불편감을 줄이는 데 도움이 됩니다. 신선한 바나나를 준비해서 아이가 출출할 때마다 편하게 먹을 수 있게 해주면 좋습니다.

우리 아이에게 꼭 맞는 **티테라피**

용안육차

용의 눈을 닮았다고 하여 이름 붙여진 '용안육'은 마른 아이에게 좋은 약재로, 성질이 따뜻하고 맛이 달아 심장과 비장을 강화시켜주는 효능이 있습니다. 가슴 두근거림, 불안, 초조, 공포, 우울감, 놀람 등을 해소하고 특히 신경쇠약에 효능이 뛰어나 우울증을 치료하는 한약에도 빠지지 않고 처방되는 약재입니다. 틱으로 마음고생을 하는 아이들에게도 효과를 기대할 수 있습니다.

필요한 재료
- 용안육 10g, 물 1ℓ

만드는 법
- 물에 용안육을 넣고 끓입니다.
- 물이 절반 정도로 줄어들면 따뜻하게 차로 마시게 합니다.
- 물의 양을 조절해 입맛에 맞는 농도를 찾으시면 됩니다.

백복신차

　백복신은 소나무 뿌리에 기생하는 복령의 균핵 사이로 소나무 뿌리가 관통한 것을 말합니다. 얼핏 보면 복령과 비슷한데요, 자세히 살펴보면 소나무 뿌리가 가운데를 관통하고 있는 것을 볼 수 있습니다. 백복신은 총명탕에 들어가는 대표적인 약재입니다. 심장을 튼튼하게 하고 마음을 차분하게 하며 머리를 맑게 하여 집중력을 높여주는 효능이 있습니다.

필요한 재료
- 백복신 20g, 물 1ℓ

만드는 법
- 백복신을 흐르는 물에 깨끗하게 씻어주세요.
- 물에 백복신을 넣고 끓입니다.
- 물이 끓어오르면 불을 줄여서 30분 정도 더 끓입니다.
- 물의 양이 2/3 정도 줄어들면 불을 끕니다.
- 하루 서너 차례 마시게 하면 좋습니다.

몸과 마음을 시원하게 풀어주는 지압법

담대한 마음과 여유를 길러주는 혈자리
협계혈

협계혈은 넷째 발가락과 다섯째 발가락이 서로 갈라지는 곳의 오목한 곳에 자리하고 있습니다. 협계혈을 자극해주면 마음이 담대해지고 여유로워질 수 있는 족소양 담경의 에너지를 활성화하고, 심장 경락을 강화해줍니다. 또한 스트레스로 인해 많은 일을 하고 있는 간 경락의 기능을 조절합니다. 더불어 틱이 일어나는 부위에 따라 혈자리을 찾아 자극해주면 더욱 좋습니다.

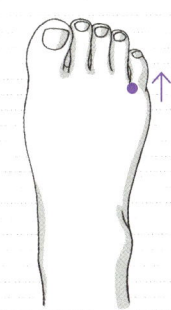

Part
2

마음이 아픈
아이들

무기력하고 우울해해요

극심한 무기력은 우울증의 대표적인 증상입니다. 우리나라 청소년의 우울증 발생률은 이미 성인의 수치를 훌쩍 넘은 지 오래지요. 학업, 경쟁, 교우관계, 가정문제 등 아이들을 둘러싼 스트레스는 어른들 못지않게 무겁고 힘겹습니다. "너는 공부만 하면 되는데, 뭐가 힘들다고 그래?" 부모가 툭 던지는 한마디가 아이들에겐 상처가 되기도 합니다.

병은 고통의 무게와 비례하여 오는 것이 아닙니다. 어떤 문제가 생겼을 때 그것을 해결하거나 극복할 힘이 어른에 비해 많이 부족한 아이들은 똑같은 스트레스에도 훨씬 더 쉽게, 힘없이 무너져 내릴 수 있습니다.

스스로 문제가 있다는 걸 깨닫기도 쉽지 않지만 설사 알았다고 해도 혼자서는 병원에 갈 수도, 약을 먹을 수도, 상담을 받을 수도 없으니 마음의 병이 더욱 깊어지는 것이지요. 그렇다고 해서 부모님께 편히 터놓고 얘기할 수도 없습니다. 아이들이 가장 두려워하는 것이 부모님을 실망시키고 걱정시키는 일이니까요.

그러다 자신이 견딜 수 있는 한계를 넘어서면 몸에서부터 이상이 나타나기 시작합니다. 감정의 중추인 심장이 과열되고 지쳐 제 기능을 할 수 없게 되면서 몸과 마음이 함께 병들어가는 것이지요.

청소년우울증 환자의 70%가 자살을 생각
SOLUTION 아이의 상태를 객관적으로 인지하는 것이 우선입니다

청소년우울증은 무단결석, 게임중독, 가출, 비행 그리고 이유 없는 통증, 성적 저하의 모습으로 표출됩니다. 그러니 부모님들이 쉽게 눈치 채지 못하고 오랫동안 방치하는 경우가 많습니다.

문제는 장기화된 청소년우울증 환자의 70%가 자살을 생각한다는 사실입니다. 감정기복과 충동성이 증가하는 청소년 시기에 우울증이 얼마나 위험한지 보여주는 통계입니다. 훨씬 단기간에도 위험한 상황에 이를 수 있기 때문에 부모님들의 세심한 관찰과 빠른 치료가 무엇보다도 중요합니다.

우리 아이에게 정서적, 정신적으로 문제가 있다고 의심하는 것 자체가 부모에게는 너무 낯설고 힘든 일입니다. 그러나 부모가 망설이면 망설일수록 아이의 마음의 병은 점점 더 깊게 병들어간다는 것을 분명하게 인지하셔야 합니다.

아이에게 부정적인 변화의 조짐이 보인다면 진지하게 대화를 나눠보는 것이 좋습니다. 우울한 감정은 매우 여러 가지 원인에서 시작될

수 있기 때문에 아이와 차분하게 대화를 나누면서 그 시작점을 알아가는 과정이 매우 중요합니다. 과도한 학업과 부담감 때문인 경우가 많지만 친구관계나 따돌림, 혹은 부모님의 잦은 싸움과 가정불화가 원인일 수도 있는 만큼 부모님께서 아이와 자주 진지한 대화의 시간을 가지시기 바랍니다.

원인을 알아내기만 해도 절반의 성공

SOLUTION 세심하지 못한 태도에 대해 사과하는 아량을 보여주세요

많은 부모님들이 아이와 대화하는 데 서툴지요. "너 요즘 왜 그래? 무슨 일 있어?" 이런 식으로 다그친다면 아이의 마음이 열릴 리 없겠지요. 엄마도 엄마 역할이 처음이고 잘 몰라서 미처 너의 마음을 몰랐다고, 혼자 우울하고 고민하도록 내버려둬서 미안하다고 하면서 먼저 손을 내밀어 따뜻한 사과의 말을 건네주세요.

"힘든 일이 있나보구나. 엄마가 몰랐어. 정말 미안해. 무슨 일인지는 모르겠지만, 필요할 땐 언제든지 말해줘."

이런 식으로 말을 꺼내면 무난합니다.

부모가 진심으로 미안해하고 사랑하고 있다고 말해주는 것만큼 아이의 마음을 따뜻하게 녹이는 것은 없으니까요. 여기에 더해 엄마 아빠는 너를 믿는다고, 언제나 네 편이라고 말해주면서 아이에게 시간을 주세요. 우울한 원인이 뭔지, 그 이유만 알아내도 반 이상 성공입니다.

그리고 부모님들이 꼭 기억하셔야 할 것이 있습니다. 우울증은 환자 본인의 의지나 노력으로 나을 수 있는 병이 아니라는 사실입니다. 점

차 인식이 나아지고는 있지만 아직도 아이의 문제를 쉬쉬하고 가족끼리 어떻게든 해결해보려는 부모님들이 훨씬 많은 것이 현실이지요. 하지만 아픈 것은 아이의 잘못도 아니고, 부끄러운 일도 아닙니다. 어른이나 아이나 누구나 아플 수 있고 마음이 다칠 수 있습니다.

내 욕심 때문에 아이가 아픈 것은 아닌지, 내 기대가 너무 커서 아이가 불행하진 않은지, 나를 조금만 내려놓고 아이를 봐주세요. 어떻게 하면 아이의 얼굴에 웃음이 돌아올지, 어떻게 하면 우리 아이가 힘이 날지, 행복할지 생각해주세요.

충분한 햇빛과 운동이 기본이에요

햇빛을 쬐지 못하면 멜라토닌 분비가 감소하여 행복호르몬이라 불리는 세로토닌이 생성되지 않습니다. 가급적 창문을 활짝 열어두고 학교에서도 쉬는 시간을 이용해 밖으로 나가 햇빛을 받으며 스트레칭을 하도록 지도해주세요. 주말을 이용해서 가족들이 함께 산책을 나가거나 엄마와 딸, 아빠와 아들이 함께 가까운 산을 등반하는 것도 좋습니다.

생활 속에서 실천하는 **밥상 위의 보약**

트립토판은 세로토닌이라는 뇌 물질을 구성하는 원료로 마음을 안정시키고 편안하게 해주는 필수 아미노산입니다. 세로토닌이 부족하면 우울한 마음이 더 심해지기 때문에 우울하고 무기력한 아이들에겐 꼭 필요한 성분이지요. 트립토판이 풍부한 식품으로는 소고기, 닭고기, 바나나, 완두콩, 양배추 등이 있습니다.

닭고기
비만 걱정 없이 기운 보충해주는 육류

닭고기는 지방이 적고 담백하며 소화 흡수도 잘 되어 청소년기에 좋은 식품입니다. 특히 안심 부위는 활동량이 많은 청소년들의 근력을 키우는 데도 도움이 되고 살찔 염려도 적은 육류입니다. 기름에 튀긴 치킨류보다는 굽거나 삶은 조리법이 좋습니다. 아이들이 좋아하는 피자치즈를 얹은 치킨도리아 같은 음식이 권할 만합니다.

바나나
심신안정 유도하는 최고의 간식

바나나는 산이 없어서 밤늦게까지 공부하는 아이들의 저녁 간식으로 딱 좋은 과일입니다. 단맛이 아이들의 심신을 편안하게 안정시키며 섬유소가 많아서 포만감을 주는 것으로 잘 알려져 있습니다. 신선한 바나나를 준비해서 아이가 수시로 먹을 수 있게 해주시면 좋습니다.

우리 아이에게 꼭 맞는 **티테라피**

진피차

진피는 담을 삭이며 습을 말려서 몸과 마음을 가볍게 하고 기력과 의욕을 충만하게 높여주는 효능이 있는 약재입니다. 또한 소화기를 보하고 울체된 것을 풀어주며 손발을 따뜻하게 해주지요. 비타민 C가 많아서 면역력도 높이고 피로도 풀어주니 학업으로 지치고 무기력한 아이들에게 도움이 됩니다. 마른 아이보다는 통통한 아이에게 좋습니다.

필요한 재료
- 무농약 귤껍질, 물 1컵

만드는 법
- 귤껍질은 베이킹 소다를 이용해 깨끗하게 씻어주세요.
- 귤껍질에 묻은 물기를 제거하고 꼭지 부분을 떼어낸 뒤 잘게 채를 썹니다.
- 통풍이 잘 되는 그늘에서 바삭하게 말려주세요.
- 찻잔에 진피를 적당량 넣고 뜨거운 물을 부어서 우려 마시게 합니다.

용안육차

용의 눈을 닮았다고 하여 이름 붙여진 '용안육'은 마른 아이에게 좋은 약재로, 성질이 따뜻하고 맛이 달아 심장과 비장을 강화시켜주는 효능이 있습니다. 가슴 두근거림, 불안, 초조, 공포, 우울감, 놀람 등을 해소하고 특히 신경쇠약에 효능이 뛰어나 우울증을 치료하는 한약에도 빠지지 않고 처방되는 약재입니다.

필요한 재료
- 용안육 10g, 물 1ℓ

만드는 법
- 물에 용안육을 넣고 끓입니다.
- 물이 절반 정도로 줄어들면 따뜻하게 차로 마시게 합니다.
- 물의 양을 조절해 입맛에 맞는 농도를 찾으시면 됩니다.

몸과 마음을 시원하게 풀어주는 지압법

몸을 따뜻하게 하고 우울한 기분 달래주는 혈자리
소충혈

소충혈은 새끼손가락 손톱 안쪽 방향으로 손톱 뿌리의 2mm 정도에 위치하고 있습니다. 심장 경락이 흐르는 혈자리로, 이곳을 자극하면 몸이 따뜻해지고 활력이 생기는 효능이 있습니다. 새끼손가락 전체를 손바닥에서 손끝 방향으로 천천히 자극해주는 것을 반복하는 것도 매우 좋습니다. 양손 모두 그렇게 반복해주면 마음이 따뜻해지고 우울한 기분이 조금이나마 나아지는 것을 느낄 수 있습니다.

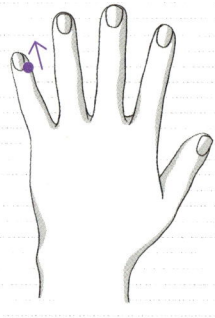

밤에 잠을 잘 못자요

불면증은 과도한 긴장과 피로, 스트레스로 인한 불안, 초조 등으로 감정과 신경에 과민이 생기고 이 결과로 장기의 불균형이 일어나 잠을 못 자게 되는 것을 말합니다. 아이의 취약한 장기가 어디냐에 따라 정신도 지배를 받게 되고 결국 불면증과 같은 신체적 증상으로 나타나는 것입니다.

아이의 타고난 체질과 성향에 따라 불면증의 원인이나 치료법도 달라지는 만큼 좀 더 세심하게 살펴보고 도움을 주시는 것이 좋습니다.

체질과 성향에 따라 달라지는 청소년 불면증

예민하고 겁이 많은 아이

심장과 담이 약한 아이들은 선천적으로 기운이 없고 소심하거나 만사에 예민하여 잘 놀라는 특징이 있습니다. 생각이 많고, 걱정이 많으며, 작은 일에도 고민이 많습니다. 친구들과 잘 어울리지 못하고 작은 소음에도 예민하게 반응하기 때문에 잠을 편하게 잘 수가 없는 것이지요.

분노가 가득한 아이

성격이 급하고 활동적이며 목소리가 큰 경우가 이 유형에 속합니다. 심장이 과열되어 평소에도 화가 차 있고, 조그만 일에도 흥분하는 경우가 많지요. 머리가 아프고 부들부들 떨리거나 목이 마르면서 잠이 잘 안 오는 경우로, 화병과 증상이 비슷합니다. 선생님의 차별, 부모님의 억압, 불편한 교우관계 등으로 인해 화가 나고 억울한 감정이 쌓여 도저히 잠을 이룰 수 없는 경우입니다.

우울하고 비관적인 아이

우울하고 비관적인 아이들은 타고난 경향보다 환경적 요소가 영향을 미치는 경우가 많습니다. 전에는 활달했는데 뭔가 힘겨운 상황을 경험하거나 학업, 교우관계에서 어려움이 있을 때 우울하고, 비관적인 성향으로 바뀐 경우가 여기에 속합니다.

예민하고 생각이 많은 아이

성적이 떨어질까 걱정, 친구가 나보다 잘할까봐 걱정, 엄마한테 혼날까봐 걱정……. 항상 걱정이 많은 아이들입니다. 교우관계나 좋아하는 친구, 연예인 생각에 잠 못 이루기도 합니다. 가장 흔한 불면의 형태로 눕기만 하면 별별 생각이 다 들고 생각이 꼬리에 꼬리를 물어 도저히 잠이 오지 않지요. 보통 선천적으로 비위가 약하거나 소화기가 약한 아이일 가능성이 높습니다.

무조건 잠 줄이는 게 대수는 아니에요
SOLUTION　우리 아이에게 꼭 맞는 수면시간 찾기

10대 아이들에게 적절한 수면시간을 보통 8시간 정도로 봅니다. 하지만 정해진 수면시간이 있는 것은 아니죠. 성적이나 학업 양에 따라 아이들의 수면시간은 천차만별입니다. 신체적, 체질적으로 하루 4시간만 자도 개운한 아이들이 있는가 하면 10시간은 꼭 자야 정상적인 활동이 가능한 아이도 있습니다.

부모님들은 자고 싶은 대로 다 자고 언제 공부하느냐고 채근하지만 7시간을 자고 맑은 정신으로 공부하는 게 5시간만 자고 몽롱한 정신으로 공부하는 것보다 훨씬 효율적입니다.

베개 속에 숯이나 캐모마일을 넣어주세요

숯은 실내 습도를 조절하는 능력이 있어서 숯가루를 종이에 싸서 베개에 넣어두면 숙면과 피로회복에 도움이 됩니다. 잘 말린 캐모마일을 베게 속에 넣어두어도 비슷한 효과를 볼 수 있는데요, 은은한 캐모마일 향기가 아로마테라피 효과까지 겸하여 편안하게 깊은 잠을 자는 데 도움이 된답니다. 물론 캐모마일을 차로 마셔도 좋습니다.

그러니 부모님 뜻대로 기준을 정하려고 하지 마시고 아이가 몇 시간을 자는 게 더 효율적인지 살펴보면서 아이의 신체 리듬에 따라 여유롭고 유연하게 학업 스케줄을 짜주시는 것이 좋습니다.

무엇보다 잠을 많이 자는 것에 대해 큰 죄를 짓는 것처럼 나무라지 말아주세요. 잠이 많은 아이들은 모두 자기 나름의 이유가 있으니까요. 무조건 많이 잔다고 뭐라고 하실 게 아니라 아이의 몸에 문제가 있는 것은 아닌지, 몇 시간을 자야 컨디션이 좋은지 함께 대화하고 우리 아이에게 맞는 수면법을 찾는 것이 좋습니다.

생활 속에서 실천하는 **밥상 위의 보약**

상추
졸음 유발하는 대표식품

상추에는 졸음을 유발하고 최면효과를 내는 락투카리움이라는 성분이 다량 함유되어 있어 숙면에 도움이 됩니다. 피로회복은 물론, 눈 건강에도 좋기 때문에 밤늦게까지 공부하는 아이들에게는 아주 좋은 식품이죠. 상추를 잘 말려서 마른 팬에 덖은 후 따뜻한 물에 우려 마시는 상추차도 불면증에 효과적입니다.

우유
북유럽 스타일로 마시는 달콤 우유

백야현상을 겪는 북유럽에서는 밤에 따뜻한 우유를 즐겨 마신다고 합니다. 우유에 함유된 트립토판이라는 아미노산이 신경전달물질인 세로토닌을 형성하면서 마음을 안정시키고 편안하게 만들기 때문입니다. 북유럽 스타일로 따뜻하게 데운 우유에 꿀을 조금 타서 마시게 하면 숙면을 취하는 데 도움이 됩니다.

우리 아이에게 꼭 맞는 **티테라피**

산조인차

산조인은 견과류처럼 고소한 맛이 나는 약재입니다. 멧대추의 씨앗으로, 불면증에 효과가 뛰어난데 생으로 쓰면 잠이 안 오고 새까맣게 볶아서 써야 잠이 잘 옵니다. 잠을 줄여야 할 때와 잠을 푹 자야 할 때, 상황에 따라 사용하기 좋은 약재지요. 산조인은 까맣게 태워야 효과가 좋습니다. 주의해서 여러 번 볶은 후 차로 우리시면 됩니다.

필요한 재료
- 산조인 25g, 물 1ℓ

만드는 법
- 산조인은 깨끗하게 손질해서 조심스럽게 볶아줍니다.
- 약한 불에서 조금씩, 여러 번에 걸쳐서 새까맣게 탈 때까지 볶아줍니다.
- 1리터에 25그램 정도 넣는 것이 보통이지만 농도는 입맛에 따라 조절하면 됩니다.

대추차

대추의 달달한 맛은 긴장을 부드럽게 풀어주는 효능이 있습니다. 몸과 마음, 머리의 긴장까지도 이완을 시켜줘서 숙면이 큰 도움이 되지요. 더불어 기를 보하는 작용도 있기 때문에 아이들에겐 여러모로 도움이 되는 약재입니다.

필요한 재료
- 대추 10개, 기호에 따라 꿀, 물 1ℓ

만드는 법
- 대추는 깨끗하게 씻어서 물기를 제거합니다.
- 냄비에 대추를 넣고 물을 부어서 끓입니다.
- 충분히 끓인 뒤 대추가 물러지면 불을 줄이고 졸여주세요.
- 대추를 건져 잘 으깬 뒤 과육만 걸러 넣고 한 번 더 끓입니다.
- 불을 끄고 꿀을 넣어 잘 저어주면 완성입니다.

몸과 마음을 시원하게 풀어주는 지압법

심장으로 가는 기운을 열어주는 혈자리
신문혈

손목 안쪽에 위치하고 있는 신문혈은 심장경락을 타고 심장까지 연결된 자리로 심장으로 가는 기운을 열어 울체를 풀고 길을 열어주는 효과가 있습니다. 심장과 몸이 천천히 편안해지는 것을 느낄 수 있습니다. 불안, 떨림, 긴장을 해소하는 데도 효능이 좋아서 시험을 앞둔 아이들에게 알려주어도 좋은 혈자리입니다. 이 혈자리를 반대쪽 손 검지를 이용해서 초침 속도로 가볍게 톡톡톡 두드려주어도 효과를 볼 수 있습니다.

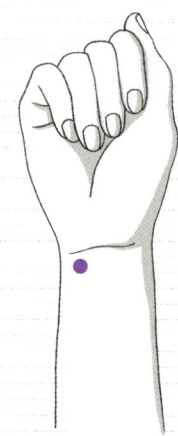

툭하면 부모에게 화를 내요

 밖에서는 얌전하다가 집에만 가면 갑자기 돌변하여 화를 참지 못하는 아이들이 있습니다. 부모가 잔소리라도 한마디 꺼낼라치면 소리를 지르며 물건을 집어던지기도 하고, 매일 화내고 짜증내는 것은 일상다반사일뿐더러 때로 입에 담지 못할 욕을 하는 경우도 있지요.
 이런 아이들의 특징은 다른 사람 앞에서는 감쪽같이 착하고 평범한 학생의 모습만 보인다는 것입니다. 학교에서는 내내 얌전한 아이처럼 참고 있다가 집에만 오면 쌓였던 화를 부모님한테 푸는 것입니다. 이런 아이들은 누구에게도 말 못하고 있던 가슴속에 쌓인 울화와 억울함, 분노가 스스로도 제어할 수 없을 만큼 커져버렸다고 할 수 있습니다.

마음의 불길에 휩싸인 듯 고통스러운 청소년 화병
SOLUTION 불을 끄는 한약만으로도 호전 가능해요

청소년 화병의 원인은 다양합니다. 학업에 대한 압박이나 스트레스, 선생님의 차별, 친구들의 따돌림, 학교폭력까지……. 스스로 문제를 해결할 능력이 부족한 아이들이 도움을 청할 곳도 없을 때 아이들 마음속에는 언제 터질지 모를 폭탄이 커집니다. 아이들이 할 수 있는 것이라곤 마음속에 계속 담아두고 참는 수밖에 없기 때문이지요.

화병은 문자 그대로 불이 나는 것과 같은 증상이 나타납니다. 가슴이 뜨겁고 참을 수 없이 답답하고 숨이 잘 쉬어지지 않을 때도 있지요. 이런 감정은 그때그때 적절히 표출해줘야 쌓이지 않는데, 밖에서 그러지 못한 아이는 가장 만만한 가족에게 참았던 화를 한꺼번에 표출하게 되는 것입니다. 이런 행동은 결국 아이가 가족을 가장 믿고 의지하고 있다는 반증이기도 합니다.

화병은 뜨거운 불을 진압하는 것이 급선무입니다. 뜨거운 화를 어떻게든 가라앉혀야만 치료를 할 수 있는 토대가 마련되기 때문입니다. 열이 쌓여 있다 보니 얼굴에 여드름이 나거나 눈이 충혈되고, 마음이 괴롭고 예민하니 살은 자꾸 빠지게 됩니다. 이럴 때 한약치료가 매우 효과적이나 화를 내는 아이에게 약을 먹게 하는 일도 만만치 않습니다. 그럴 땐 외모에 관심을 많을 나이인 만큼 여드름 치료를 핑계로 치료를 받게 하시면 좋습니다. 화를 내리는 약재들이 처방된 한약을 먹게 하면 한결 화가 내려앉게 되고 여드름도 자연히 사라지게 되니까요.

아이의 답답한 마음을 풀어주는 방법

SOLUTION **공동체 생활 경험 만들어주세요**

고등학교는 사실상 90% 이상이 학업에만 집중하는 분위기입니다. 공부를 못하는 아이들은 왜 내가 학교를 다녀야 하나 하는 자괴감에 빠지게 됩니다. 특히 머리가 좋고 사리판단이 분명하고 욕심이 있는 아이들은 이런 현실을 견디기 힘들어합니다. 자신이 공부 잘하는 아이들의 들러리밖에 안 된다는 사실을 본능적으로 느끼기 때문이지요.

공부에 재능과 관심이 없다고 해서 머리가 나쁘다고 생각하는 건 부모님들의 크나큰 착각입니다. 적어도 이런 아이들에겐 자신의 삶을 잘 만들어가려는 힘이 내재되어 있습니다. 오로지 성적만으로 가치를 판단하는 학교라는 굴레에서 벗어나 더 복잡하고 넓은 세상에 나갔을 때 오히려 빛을 발할 수 있는 아이들도 많습니다.

아이는 똑똑한데 성적은 안 나오고, 억울하고 답답한 일이 있어도 부모님의 틀을 벗어날 순 없고……. 그러다 보니 어린 마음에 울화가 쌓이고, 부모님이 원망스럽고, 열패감에 젖어들게 되는 겁니다.

이런 답답한 마음을 풀어주는 것이 중요합니다. 똑똑한 아이들이 어른이 되기도 전에 주저앉지 않도록 아낌없이 응원하고 격려해주는 것만이 아이들을 열패감에 젖지 않게, 또 다른 꿈을 꿀 수 있게 도와주는 방법입니다.

꼭 좋은 성적을 내는 것이 학교를 다니는 목적이 아님을 알려주세요. 친구들과 함께 공동체 생활을 경험하면서 사회성을 배우고, 배려심을 배우고, 예의를 배우는 것도 학교를 다니는 중요한 의미입니다. 성실하게 출석하여 학교를 졸업하는 것만으로도 충분한 가치가 있으니까요.

방과 후에 스스로 재미를 느낄 수 있는 일을 찾아서 할 수 있게 해주면 좋은데요, 운동이나 악기 등 무엇이든 외부의 강압이 아닌 스스로 선택한 일을 하면서 노력을 통해 무언가를 성취하는 기쁨을 얻을 수 있게 해주는 것이 가장 좋습니다. 나도 의미 있고 보람된 일을 하고 있다는 감정을 느끼게 해주는 것이 중요합니다. 그래야 성적만으로 아이들을 줄 세우는 학교생활을 끝까지 견딜 수 있습니다.

마음을 가라앉히는 데 도움이 되는 아로마테라피

무거운 향을 가진 백단향(샌달우드)은 정신을 맑게 하는 약재입니다. 너무 화가 나고 분해서 참을 수 없을 때 이 향을 맡으면 마음이 차분하게 가라앉는 효과를 느낄 수 있습니다. 시원한 향이 가슴의 답답한 것을 풀어주고 기분도 상쾌하게 해주는 박하(페퍼민트)도 좋습니다. 아이의 잠자리나 공부방에 놓아주면 도움이 됩니다.

생활 속에서 실천하는 **밥상 위의 보약**

멸치
신경을 안정시키는 칼슘식품의 대표주자

칼슘이 부족하면 신경이 불안정해질 수 있습니다. 예로부터 한방에서는 화병에 용골(매머드 뼈), 모려(굴 껍데기), 석고 등의 동물성 약재를 사용했는데, 이러한 동물성 약재를 안전하게 대체할 수 있는 것이 바로 멸치에 풍부하게 함유되어 있는 칼슘입니다. 아이들이 좋아하는 멸치볶음을 밑반찬으로 준비해 자주 식탁에 올려주시면 좋습니다.

셀러리
혈액 정화 및 신경 안정에 효과적인 슈퍼푸드

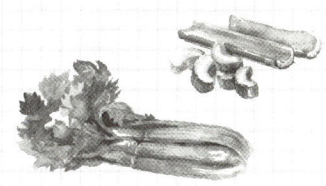

셀러리 역시 피를 깨끗하게 하고 신경을 안정시키는 효능이 있습니다. 흥분, 불안을 가라앉히는 효능이 있고 섬유질이 풍부해서 위에도 부담이 없는 식품이죠. 샐러드에 조금씩 넣어서 꾸준히 먹게 하거나 아이들이 좋아하는 마요네즈 같은 드레싱에 찍어 먹게 하면 강한 향이 누그러져 쉽게 먹을 수 있습니다.

우리 아이에게 꼭 맞는 **티테라피**

치자청국장차

치자는 심장의 열을 내려 짜증, 불안, 초조, 두근거림을 치료하는 약재입니다. 입이 마르고 눈이 충혈되고 얼굴이 벌개지는 것을 해소하는 데 효과적이지요. 한편 청국장 가루는 안절부절 못하고 극도로 흥분된 마음을 안정시키는 데 효과가 있어 화병은 물론 공황장애에도 도움이 되는 약재입니다. 치자와 청국장 가루와 함께 끓여서 차로 마시게 하면 아이의 화를 가라앉히거나 진정시키는 데 도움이 될 것입니다.

필요한 재료
- 치자 8g, 청국장 가루 20g, 물 1ℓ

만드는 법
- 치자는 먼지를 제거하고 깨끗하게 씻어서 물기를 제거합니다.
- 적당량의 청국장 가루와 함께 냄비에 넣고 물을 부어 끓입니다.
- 끓어오르면 불을 약하게 줄여서 물이 절반 정도 줄어들 때까지 달입니다.
- 맑은 차만 걸러서 냉장고에 넣어두고 따뜻하게 데워서 마시게 합니다.

몸과 마음을 시원하게 풀어주는 **지압법**

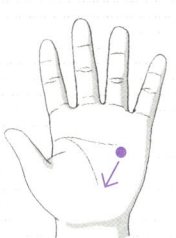

몸속에 쌓인 화를 내려주는 혈자리
소부혈

소부혈은 심혈과 질환을 예방하고 혈액순환을 원활하게 해서 몸속에 쌓인 열기를 내려주는 혈자리입니다. 열기를 조절해서 위와 장이 건조해지는 것을 방지해줍니다. 화가 치밀어오르고 가슴이 답답할 때 자극해주면 큰 도움이 됩니다. 손바닥에 자리하고 있어 자극하기도 쉽기 때문에 수시로 지압을 해주면 좋습니다.

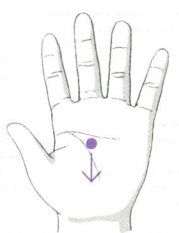

정신적인 피로 해소에 도움 되는 혈자리
노궁혈

피로회복 혈자리라고 불리는 곳이 바로 노궁혈입니다. 이 혈점을 자극해주면 심리적인 화를 내리고, 정신적인 피로를 푸는 데 도움이 됩니다. 컴퓨터를 오래 하거나 펜을 오래 쥐고 있어서 손이 저릴 때 피로감이 엄습해 올 때 자극해주면 일순간 머리가 시원해지는 것을 느낄 수 있습니다.

답답한 가슴을 시원하게 열어주는 혈자리
어제혈

어제혈은 엄지 아래 손바닥 옆면에 자리하고 있습니다. 숨이 가쁘고 질식할 것 같은 느낌이 들 때 반복해서 눌러주면 폐로 공기가 들어가면서 상쾌해지는 느낌을 받을 수 있습니다. 공부하다 가슴이 답답할 때 볼펜처럼 뾰족한 것으로 콕콕 눌러주는 것만으로도 가슴이 시원해진답니다.

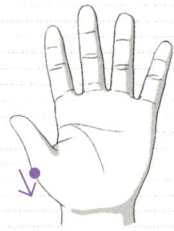

책상에 앉아서 딴짓만 해요

공부를 하려고 책상에 앉으면 자꾸만 다른 생각이 나서 쉽게 공부를 시작하지 못하는 아이들이 있지요. 공부를 하지 않으려는 것도 아닌데, 막상 책상에 앉으면 책상 주변의 정돈상태나 연필, 공책 등의 위생 상태 등 공부 외의 것들에 정신이 팔려서 책상정리 같은 엉뚱한 일에 시간을 허비합니다.

단순히 아이의 성격이 꼼꼼하고 세심한 때문이라고 할 수도 있지만 이런 증상들이 스스로 제어되지 않고 계속 반복되어 나타난다면 학업에 방해가 될 수밖에 없겠지요. 이런 증상은 일종의 결벽증, 불안증으로 볼 수 있습니다. 일종의 강박증이라고 할 수 있는데요, 아이의 특성에 따라 매우 다양한 증상이 나타나게 됩니다.

불안감을 잠재우기 위한 회피성 강박증

SOLUTION **불안의 원인을 찾는 것이 치료의 첫걸음이에요**

강박증의 시작은 불안에서 옵니다. '너무 싫은 어떤 상황'을 회피하기 위한 방어책인 셈이지요. '성적이 떨어지면 어떡하지?' '엄마한테 혼나면 어떡하지?' 이런 불안의 감정들이 계속되다 보면 특정 사물이나 행동에 감정이입을 하게 됩니다. 그것에 집착하고 신경을 쓰면서 그 불안을 일시적으로나마 잠재우려는 시도인 셈이지요.

아이가 강박적인 행동을 보일 때 보통의 부모님들은 같이 불안해하면서 우리 애한테 무슨 문제가 있는 건 아닐까, 안절부절 못합니다. 그런데 부모님께서 너무 민감한 반응을 보이면 아이들은 더 불안해질 수 있습니다. 대부분 청소년의 강박증은 스트레스로 인한 마음의 병인 경우가 많습니다. 그리고 그 기원은 불안에 있습니다.

학업에 대한 압박, 교우관계, 부모님의 불화 등이 대표적인 원인이지요. 우리 아이가 정말 불안해하는 것이 무엇인지 세심하게 살펴서 불안의 씨앗을 찾아내는 것이 첫걸음입니다.

아이를 가장 힘들게 하는 사람이 누구일까요? 아이에게 지금 가장 스트레스를 주는 상황이 무엇일까요? 아이가 무언가를 무서워하게 된 시점이 언제인가요? 이런 질문들을 통해 아이와 함께 찬찬히 되짚어보고 객관화하는 시간은 강박증의 치료는 물론, 아이의 정서적 성장과 부모님과의 건강한 관계를 유지하는 데 있어 꼭 필요합니다.

강박 증상으로 힘들어하지만 공부는 하는 아이

SOLUTION   주변 환경 정리해 아이가 신경 쓸 일을 줄여주세요

강박 자체를 너무 신경 쓰다보면 강박증이 더 심해집니다. 이럴 때는 아이가 신경 쓰거나 불편해하는 것들을 미리미리 치워주고 배려해주면서 공부에만 집중할 수 있는 환경을 만들어주는 것이 좋습니다. 갑자기 강박이 더 심해질 때는 지금 너무 힘들다는 다른 표현일 수 있습니다. 요즘 어떤 과목이 힘든지, 무슨 시험을 앞두고 있는지, 최근 학교 환경은 어떤지 살펴서 아이와 함께 대화를 통해 풀어가고 상황이 개선되도록 힘이 되어주세요.

강박 증상으로 인해서 학업을 놓아버린 아이

SOLUTION   시야를 넓혀 특기 개발할 수 있게 도와주세요

강박이 너무 심해서 공부를 포기한 아이들은 학업의 힘겨움을 강박증을 통해 표출하면서 책임을 회피하려는 경향이 강합니다. 꾀병이 아니라, 그만큼 공부하는 것이 어렵고 힘들다는 자신의 표현인 셈이지요. 이런 아이들의 경우, 강박증이 나아지고 치료가 된다고 해서 공부의 효율이 높아지고 성적이 올라가는 경우는 많지 않습니다. 그렇다고 해서 공부를 아예 포기하는 것도 쉽지 않은 일이지요. 예체능이나 문학 등 아이가 공부 이외에 다른 특기가 있는지 살펴주시고 공부 외의 다른 재능과 관심사에 눈을 돌려 개발할 수 있도록 도와주시는 편이 아이의 미래에 도움이 됩니다.

불안은 위험에 대비하라는 알람

SOLUTION 내면의 불안과 마주할 수 있는 용기를 북돋워주세요

아이의 마음속에서 미처 표출되지 못하고 쌓여 있는 불안과 스트레스들을 스스로 대면하고, 건강한 방법으로 해소할 수 있도록 도와주어야 합니다.

그리고 아이에게 꼭 인지시켜주세요. 불안은 사실 우리가 위험을 대비하게 해주는 고마운 감정이라는 사실을요. 위험에 대한 예민한 촉각이 바로 불안의 모습으로 나타나는 것이니까요. 필요 없는 감정이란 건 없습니다. 모든 감정은 지금의 행복과 건강을 잘 유지하라고, 그래서 더 행복해지라고 시시각각 울려대는 알람인 셈이지요.

다만, 기계가 고장 나서 쉴 새 없이 알람이 울려댄다면 어떨까요? 마음의 병은 딱 그런 상태인 것입니다. 고장 난 기계는 고치면 되듯이, 아이들의 몸의 자율신경 시스템이 고장 나서 생긴 문제는 치료를 받으면 그뿐입니다.

아이들에게 지금의 상태가 자연스럽고 누구에게나 생길 수 있는 상황이란 걸 납득시켜 주세요. 강박증과 그 증상에 대해 객관적으로 함께 이야기를 나누고 거부감이 들지 않도록 자연스럽게 치료를 권해주세요. '시간이 지나면 나아지겠지' 하고 생각하지 말고 조금이라도 빨리 적극적인 치료에 나서주시는 것이 아이를 위하는 길입니다.

생활 속에서 실천하는 **밥상 위의 보약**

흥분되고 불안한 마음을 진정시키는 데는 칼슘이 매우 효과적입니다. 과도한 스트레스를 받으면 칼슘이 다량으로 배출되는데, 칼슘이 부족하면 불안과 짜증은 더욱 심해집니다. 칼슘 함량이 높은 식품을 많이 섭취할 수 있게 해주세요.

멸치
불안과 긴장 완화해주는 칼슘식품

칼슘의 왕 멸치는 대표적인 칼슘식품입니다. 아이들이 좋아하는 멸치볶음은 물론, 김밥, 주먹밥 등에도 잔멸치볶음을 넣어주면 맛도 좋고 칼슘 섭취량도 늘릴 수 있습니다.

유제품
칼슘을 간편하게 보충할 수 있는 간식

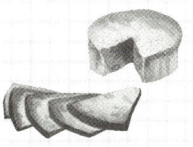

우유는 칼슘의 보고라 할 수 있습니다. 치즈나 요거트 같은 유가공 제품 역시 칼슘 함량이 높습니다. 아이가 평소 좋아하는 유제품을 간식으로 준비해서 자주 먹을 수 있게 해주시면 좋습니다.

우리 아이에게 꼭 맞는 **티테라피**

대추차

불안과 긴장을 가라앉히고 스트레스를 완화하는 데는 대추차만한 것이 없습니다. 신경안정 효과가 뛰어나 숙면을 취하는 데도 도움이 되지요. 달달하고 따뜻한 대추차는 성장기 아이들의 면역력을 높여 감기나 잔병을 예방하는 데도 효과가 뛰어난 만큼 신경이 예민한 아이들에게는 더할 나위 없이 좋습니다.

필요한 재료
- 대추 10개, 기호에 따라 꿀, 물 1ℓ

만드는 법
- 대추는 깨끗하게 씻어서 물기를 제거합니다.
- 냄비에 대추를 넣고 물을 부어서 끓입니다.
- 충분히 끓인 뒤 대추가 물러지면 불을 줄이고 졸여주세요.
- 대추를 건져 잘 으깬 뒤 과육만 걸러 넣고 한 번 더 끓입니다.
- 불을 끄고 꿀을 넣어 잘 저어주면 완성입니다.

산조인차

산조인은 심장과 간, 담을 보하여 정신을 안정시키며 가슴이 답답한 것을 낫게 하는 효능이 있습니다. 산조인을 차로 끓이거나 우려 마시면 진정작용, 최면작용 등이 뛰어납니다. 불안하고 집착하는 마음을 잠재우는 데도 도움이 됩니다. 산조인은 견과류처럼 고소한 맛이 나기 때문에 아이들도 잘 마십니다.

필요한 재료
- 산조인 25g, 물 1ℓ

만드는 법
- 산조인은 깨끗하게 손질해서 조심스럽게 볶아줍니다.
- 약한 불에서 조금씩, 여러 번에 걸쳐서 새까맣게 될 때까지 볶아줍니다.
- 1리터에 25그램 정도 넣는 것이 보통이지만 농도는 입맛에 따라 조절하면 됩니다.

백복령차

소나무 뿌리에 기생하여 자라는 백복령은 예부터 강장제로 널리 이용된 약재로, 정신을 안정시키고 면역력을 높이는 데 좋은 약재입니다. 건망증이나 수면장애 해소에도 도움이 되면서 약성이 부드러워 학업 스트레스가 많은 아이들에게 좋습니다.

필요한 재료
- 백복령 20g, 물 1ℓ

만드는 법
- 물에 백복령을 넣고 끓입니다.
- 물이 끓으면 불을 줄여서 약한 불에서 30분 정도 더 끓여주세요.
- 물의 양이 절반 정도 줄어들면 불을 끕니다.
- 날마다 두세 잔씩 마시게 합니다.

몸과 마음을 시원하게 풀어주는 지압법

마음 전체를 주관하고 조율하는 혈자리
내관혈

내관혈은 '내 마음을 살펴본다'라는 의미를 지닌 혈자리입니다. 마음 전체를 주관하고 조율하는 혈자리인데요, 불안한 마음, 두려운 마음, 긴장된 마음 등을 안정시키고 천천히 다독이는 효과를 얻을 수 있습니다. 손목에서 손가락 세 개 정도 떨어진 자리에 위치하고 있습니다.

팔꿈치에서 손가락 방향으로 천천히 쓸어 올리듯 자극해주세요. 아로마 오일이나 로션 등을 바르고 지압하면 더 부드럽고 오래 할 수 있습니다.

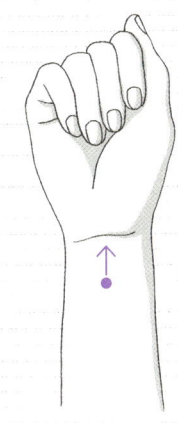

주의가 산만하고 집중을 못해요

유달리 주의가 산만하여 수업시간에도 집중하지 못하거나 공부만 하려고 앉으면 특별히 뭔가를 하는 것도 아닌데 집중이 안 되는 아이들이 있습니다. 단순히 성격이 활달하고 적극적인 아이나 학업 외에 자신이 좋아하는 어떤 일에 집중하는 아이라면 공부에 소홀하다고 해서 크게 문제되지는 않습니다.

하지만 스스로도 컨트롤이 잘 되지 않을 정도로 산만함이 심각하거나, 학업에 대한 욕구는 있는데 집중력이 떨어져서 힘든 경우라면 얘기가 좀 다릅니다. 타고난 성향이나 재능의 문제가 아니라면, 분명 뭔가 문제가 있다는 얘기지요. 스스로 감당하기 힘든 스트레스를 받고 있거나 마음의 문제일 가능성이 있습니다.

청소년기 불안의 심리적인 원인 세 가지

ADHD(주의력결핍 과잉행동장애)도 없는데 청소년기에 갑자기 산만함이 심해지고 있다면 이는 일종의 불안과 불만에서 나오는 행동일 수 있습니다. 그 불안과 불만의 시작점이 무엇인지 알아내는 데서 치료가 시작됩니다. 원인은 개인에 따라 매우 다양한데, 심리적인 원인은 다음 세 가지가 가장 많습니다.

부모의 무관심

부모가 맞벌이를 하거나 가정불화로 마음의 상처를 입은 아이들은 더욱 산만하고 돌출행동을 해서 부모와 친구들의 관심을 끌려는 심리가 있습니다. 부모님이 아이에게 관심을 가져줄 여력이 없다보니 군것질로 끼니를 때우거나 부모의 제어권을 벗어난 사고를 치기도 합니다. 오직 자신의 성공만을 위해 열심히 공부하는 아이들은 그리 많지 않습니다. 대부분은 부모님께 칭찬받기 위해 최선을 다하지요. 노력해도 크게 칭찬받지 못하는 상황에서 아이들은 그 동기를 잃을 수밖에 없습니다.

부모님의 너무 높은 기대

아이들의 재능은 저마다 다릅니다. 공부도 마찬가지죠. 공부는 그냥 열심히만 하면 얼마든지 더 잘할 수 있는 거라고 생각하는 부모님이 많은데, 여기서부터 문제가 생깁니다. 아이가 타고난 능력 이상의 것을 기대하고 요구하면 아이는 극심한 부담감에 시달리다가 결국 그냥 포기하거나 흥미를 잃게 될 수 있습니다.

자녀의 사적인 공간이나 취향 침범

아이들이 10대 중반에 접어들면 더 이상 부모님의 영향력 안에만 있으려고 하지 않습니다. 자신의 생각이 생기고, 취향이 생기고, 원하는 것이 분명해집니다. 자신만의 공간이나 환경을 만들어가는 일도 예외가 아닙니다. 책상 위를 엄마의 판단대로 깔끔하게 청소해버리거나 정돈할 경우, 아이만의 룰이 깨지고 혼란스러워져서 오히려 집중력이 저하되는 일이 생길 수 있습니다. 아이에게 물어보지도 않고 부모의 판단대로 아이의 환경을 좌지우지하는 것은 좋지 않습니다. 반드시 아이의 의견을 묻고 협의 하에, 스스로 정돈하게 해주시는 것이 좋습니다.

정서적인 원인 외에 신체적인 문제로 인해 산만해지는 경우도 있을 수 있습니다. 이럴 때는 어떤 증상들이 같이 나타나는지 세심하게 살펴보고 최대한 빨리 전문 의료진의 도움을 받아 다양한 각도에서의 해결책을 고민해보는 것이 좋습니다.

아이의 마음을 보살피는 세 가지 포인트

아이의 산만함을 나무라며 가만히 좀 앉아 있으라고 소리를 치거나 잔소리를 하는 것은 전혀 도움이 안 됩니다. 아이의 산만함이 단순히 성격상의 문제인지 아니면 환경적, 심리적 변화로 인해 갑자기 나타난 것인지 잘 살펴서 적절하게 대응하는 것이 중요합니다.

강요는 금물, 더 많이 칭찬하고 격려해주세요

산만한 아이들은 대부분 성격이 급하거나 신경질을 잘 내기 때문에 간섭하거나 방해하는 것은 오히려 독이 됩니다. 오히려 격려하고 칭찬하는 자세로 여유를 가지는 것이 좋습니다. 작은 것이라도 장점을 찾아 지속적으로 칭찬해주세요. 아이의 마음에 상처를 남길 수 있는 말은 되도록 삼가는 것이 좋습니다.

성취의 기쁨을 맛볼 수 있게 해주세요

꼭 공부가 아니더라도 흥미 있고 좋아하는 것을 찾아 집중할 수 있도록 지원해주시고 그로 인한 성취의 기쁨을 느낄 수 있도록 도와주세요. 뭐든 한 가지를 끈기 있게 하면서 성취의 기쁨을 느껴본 아이는 공부에도 더 쉽게 접근할 수 있게 됩니다.

대화의 시간을 가져보세요

청소년기는 학업은 물론, 급격한 성장기를 겪으며 신체적, 정서적으

개인적인 공간을 존중해주세요

산만하고 정돈되지 않은 아이의 책상을 보면 울화통이 터지겠지만 그렇다고 해서 엄마가 하고 싶은 대로 다 치워버리면 오히려 아이는 집중력이 떨어지게 됩니다. 스스로 할 수 있도록 두고, 잘했을 때 칭찬하는 것이 더 효과적이죠. 아이가 중학생이 되면 개인공간이나 물건을 함부로 건드리지 않는 것이 좋습니다. 프라이버시를 존중받고 있다는 느낌은 자신이 하나의 인격체로 존중받고 있다는 기분이 들게 한답니다.

로 부모님의 손길이 많이 필요한 시기입니다. 아이와 함께 책을 읽고 주기적인 독서토론 시간을 갖거나, 날마다 짧은 시간이라도 대화의 시간을 가져보세요. 아이와 함께하는 시간이 길어야 좋은 것은 아닙니다. 짧은 시간이라도 함께 마음을 나누는 것이 중요합니다.

생활 속에서 실천하는 **밥상 위의 보약**

• **식품첨가물은 아이들을 산만하게 만드는 주범**

산만한 아이들의 상당수가 인스턴트식품이나 과자, 청량음료 등을 즐깁니다. 하지만 이런 음식에는 방부제, 화학조미료, 보존제 등 다양한 식품첨가물이 들어갑니다.

문제는 이 시기의 아이들에게 인스턴트식품을 금하는 것이 매우 어려운 일이라는 것입니다. 이런 음식의 단맛과 짠맛에 길들여진 아이들의 입맛을 바로잡는 것도 어려울뿐더러 밖에서 보내는 시간이 길다보니 아이를 통제하는 데도 한계가 있습니다. 일단 집안에서 과자나 라면 등을 치워주시고 식사를 규칙적으로 하게 해서 간식에 대한 욕구를 줄여주는 것이 좋습니다.

• **과도하게 단 음식, 롤러코스터처럼 오르내리는 혈당**

단 음식은 행복호르몬인 세로토닌을 분비하여 일시적으로는 우울하고 무기력한 마음에 힘이 되지만, 계속 단것을 원하게 만들고 못 먹으면 더욱 예민해지거나 흥분, 충동, 불안상태가 되기 쉽습니다. 빠르게 흡수되는 당 성분이 혈당을 급격하게 오르내리게 만들어 장기간 방치하면 췌장을 비롯한 건강 전반에 문제가 생길 수 있습니다.

    탄수화물은 밥상에 올라온 것만으로도 충분합니다. 아이가 달콤한 과자나 초콜릿 등에 심취하지 않도록 도와주세요. 처음에는 먹는 것으로 너무 야박하게 구는 게 아닌가 하는 생각이 들 수도 있지만 시간이 지나다보면 건강한 식습관이 길러지게 됩니다.

우리 아이에게 꼭 맞는 **티테라피**

백복신차

　백복신은 소나무 뿌리에 기생하는 복령의 균핵 사이로 소나무 뿌리가 관통한 것을 말합니다. 얼핏 보면 복령과 비슷한데요, 자세히 살펴보면 소나무 뿌리가 가운데를 관통하고 있는 것을 볼 수 있습니다. 백복신은 심장을 튼튼하게 하고 마음을 차분하게 하며 머리를 맑게 하여 집중력을 높여주는 효능이 뛰어난 약재입니다. 또한 신진대사를 도와 몸속에 쌓여 있는 불필요한 수분을 배출해주는 기능도 있습니다. 총명탕에 들어가는 대표적인 약재이기도 합니다.

필요한 재료
- 백복신 20g, 물 1ℓ

만드는 법
- 백복신을 흐르는 물에 깨끗하게 씻어주세요.
- 물에 백복신을 넣고 끓입니다.
- 물이 끓어오르면 불을 줄여서 30분 정도 더 끓입니다.
- 물의 양이 2/3 정도 줄어들면 불을 끕니다.
- 날마다 서너 차례 마시게 하면 좋습니다.

석결명차

마음을 차분하게 하고 편안하게 하는 데는 예부터 동물성 약재들을 사용해 왔습니다. 가정에서 구하기 쉬운 재료는 어패류의 껍질입니다. 전복 껍데기는 석결명이라고 하여 한방에서 사용하는 약재입니다. 조개탕, 대합탕, 꽃게탕, 새우탕 등 껍질이 붙어 있는 해산물은 반드시 껍데기와 함께 끓여서 국물과 함께 먹게 하면 좋습니다.

필요한 재료
- 석결명 가루 10g, 매실액이나 식초 적당량, 물 1ℓ

만드는 법
- 전복 껍데기 가루를 베주머니나 다시팩에 넣어 끓여 줍니다.
- 가루를 걸러내고 위의 맑은 물만 걸러내서 따뜻하게 마시게 합니다.
- 매실액, 식초 등을 조금 넣어주면 소화에 도움이 됩니다.

몸과 마음을 시원하게 풀어주는 지압법

산만함을 가라앉히고 마음에 안정을 주는 혈자리
태백혈

엄지발가락이 있는 쪽의 발 옆날을 타고 올라가다 보면 뼈가 볼록 튀어나온 부분에 있는 혈자리로 족태음비경이 흐릅니다. 이 혈자리는 마음에 편안한 안정감을 주기 때문에 산만함을 차분하게 가라앉히고 진정시키는 데 효능이 있습니다. 발끝에서 뒤꿈치 방향으로 자극해주세요.

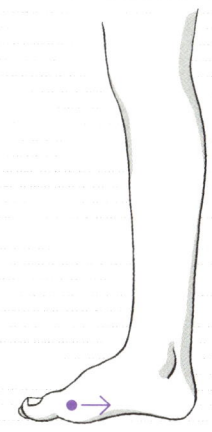

하루 종일 게임만 해요

게임중독으로 한의원을 찾는 아이들을 보면 공통점이 있습니다. 긴장된 얼굴과 시니컬한 말투와 반항적인 눈빛 등이 대표적이죠. 게임을 좋아하고 중독 수준으로 푹 빠지는 아이들은 심리적으로 매우 섬세하고 세밀하며 상처를 잘 받아서 그 감정의 기반에 우울증이나 충동조절장애가 깔려 있는 경우가 많습니다. 더군다나 평균 이상으로 게임을 잘한다면 태생적으로 머리도 매우 좋다고 볼 수 있지요.

그렇다면 머리가 이토록 좋은 아이가 공부가 아닌 게임에 빠진 이유가 무엇일까요? 학업에 대한 부담감, 선생님들에 대한 증오, 친구들과의 갈등, 부모님을 향한 반항심 등 이유는 여러 가지가 있을 수 있습니다.

까칠하고 반항적으로 행동하는데다가 머리가 좋아서 어른들을 우습게 보는 아이들이 많기 때문에 부모님들은 대화조차 쉽게 꺼내지 못하는 경우가 많습니다. 하지만 이런 아이들일수록 내면은 매우 착하고 연약한 경우가 많습니다.

상실감과 자포자기 심정에서 시작되는 게임중독

게임중독으로 유발되는 대표적인 증상으로는 수면장애가 있습니다. 게임을 하느라 늦게 자니 어쩔 수 없는 일이지요. 잠을 제때 자지 못하니 건강을 해치는 것은 물론, 성장에 방해가 되고 게임에 빠져 대인관계를 기피하거나 우울증으로 발전하는 경우도 많습니다.

많은 게임중독 학생들의 임상을 살펴본 결과, 아이 스스로 상실감을 느끼거나 다 포기해버리고 싶다는 생각을 느낄 만한 계기가 있었을 확률이 높습니다. 어릴 때 영재 소리를 듣다가 학년이 높아지면서 좌절감을 맛본 우등생들이거나 부모님의 맞벌이로 혼자 있는 시간이 많고 부모님으로부터 노력에 대한 칭찬이나 보상을 충분히 받지 못하고 자란 경우가 그렇지요. 영리한 아이들일수록 이런 현상은 심해집니다.

편하게 게임할 수 있는 시간을 주세요

아이의 게임중독을 고쳐보겠다고 갑자기 모든 게임을 중단하게 하면 오히려 역효과를 불러일으킬 수 있습니다. 게임을 할 수 있는 시간을 정해서 그 시간만큼은 아이가 편하게 게임을 할 수 있게 허락해주세요. 그리고 자녀의 관심도와 능력에 맞는 집안일 미션을 제시하고 그걸 해냈을 때 크게 칭찬해주면 좋습니다.

부모님의 높은 기대가 원인이 되기도 합니다. 그 기대에 미치지 못했을 때, 약하고 어린 나이에 이미 실패나 좌절이라는 감정을 경험하면서 큰 상처를 받게 되고, 결국 자신이 잘하는 것이 아니면 피하려고 하는 성향이 나타나게 된 것입니다. 더 이상 실패를 맛보고 싶지 않은 큰 심리적 불안감이 아이를 자신이 잘하는 게임 속으로만 도망가도록 했던 것이지요. 게임 속에서만큼은 자신이 '지존'이니까요.

현실에 맞설 수 있는 용기가 필요한 시기
SOLUTION 게임에 대한 이야기로 마음의 문을 열어주세요

게임중독인 아이들 대부분은 상황파악이 매우 빠르고 정확하며 영리합니다. 그런 아이들에게 어른의 눈높이에서 강압적으로 접근하는 것은 아이에게 엄청난 스트레스로 작용할 수 있습니다.

대화는 아이가 관심을 두고 있는 게임에 대한 이야기로 시작하는 것이 효과적입니다. 아이가 요즘 어떤 게임을 하는지, 순위가 얼마나 높은지 물어봐주시고 높은 순위를 얻은 것에 대해 칭찬을 해주세요. 사실 어떤 의미에서는 정말로 대단한 일일 수도 있습니다. 게임을 해본 사람이라면 단순히 시간을 많이 들인다고 해서 게임을 잘할 수 있는 게 아니라는 걸 알 수 있습니다. 그러니 진심으로 칭찬을 해주어도 좋습니다.

그렇게 게임에 대한 이런저런 얘기를 나누다보면 아이의 마음이 조금씩 열리기 시작합니다. 그때 왜 공부를 안 하는지, 혹은 왜 학교를 안 가려는 것인지, 어디가 가장 불편한지, 고민이 무엇인지 등 조금씩 더

깊은 이야기를 나눌 수 있도록 유도하는 것이 좋습니다.

이 대화의 과정이 당연히 쉽게 되지도, 빨리 되지도 않을 것입니다. 부모는 자녀에게 기본적으로 기대가 있기 때문에 시큰둥한 반응이나 답변에 실망감도 생기고 화도 나게 마련이니까요. 하지만 아이 입장에서는 자신의 말을 진심으로 이해하려 하지 않는 아빠 엄마와 이야기하고 싶지 않은 게 당연한 일입니다.

아이와 싸우려고 하지 말고 최대한 이야기를 들어주시기를, 그리고 무엇보다 마음을 급하게 먹지 말고 한 단계 한 단계 설득해가시기를 바랍니다. 학교라는 조직과 현실에서 자신은 더 이상 만회하기 힘든 존재라고, 포기하고 자책하고 있을 수도 있으니까요.

학교라는 조직의 현실적인 법칙과 법도를 피하지 않고 맞설 수 있는 용기를 찾을 수 있도록, 마치 게임 속에서처럼 모두에게 공평하게 주어지는 현실이라는 조건 속에서 그걸 이기고 앞으로 나아가야 하는 건 아이의 몫이라는 것을 알려주세요. 게임을 이렇게 잘하는 걸 보면 스스로의 인생도 충분히 끌어갈 수 있을 거라고, 엄마 아빠는 너를 믿고 있다고, 반복해서 이야기해주는 것이 중요합니다.

> **햇빛테라피로 몸과 마음을 밝혀주세요**
>
> 게임에 빠진 아이들은 야외활동이 부족해서 비타민 D 합성 능력이 떨어지게 됩니다. 햇빛을 충분히 쬐지 못하면 멜라토닌 분비가 감소하여 행복호르몬이라 불리는 세로토닌이 생성되지 않습니다. 창문을 활짝 열어두고 햇빛과 신선한 공기가 들어올 수 있게 해주세요.

생활 속에서 실천하는 **밥상 위의 보약**

우유·치즈·땅콩
신경을 안정시키는 트립토판이 풍부한 음식

　게임중독인 아이들은 불안하고 신경이 늘 들떠 있습니다. 이 상태가 장기화되거나 방치되는 경우 불면증과 우울증에 빠질 확률이 높습니다. 때문에 신경을 안정시키는 트립토판의 섭취가 중요합니다.
　트립토판은 우유, 치즈, 땅콩 등의 식품에 풍부하게 함유되어 있습니다. 특히 땅콩의 불포화지방산은 뇌신경조직의 발육을 촉진시키기 때문에 우유와 함께 섭취하면 더 좋은 효과를 볼 수 있습니다. 땅콩을 잘 볶아서 아이들이 간식으로 먹을 수 있게 준비해주세요.

• 두뇌발달 장애 및 췌장손상 유발 가능
　게임중독인 아이들은 밥 먹는 시간까지 아까워합니다. 컴퓨터 앞에서 컵라면이나 삼각김밥으로 끼니를 때우는 경우도 많습니다. 이렇게 인스턴트식품과 과자, 라면 등으로 식사를 하다보면 성장 발달에 필요한 영양소가 결핍되는 것은 물론 신경질적인 성격이 나타날 수 있습니다. 특히 당분 섭취가 늘어나면 비만이나 당뇨병을 초래할 수 있으며 두뇌발달 장애가 올 수 있습니다. 여기에 운동부족까지 더해져 신체발달에도 문제가 생길 수 있습니다. 규칙적인 식사로 간식 욕구를 줄여주는 것이 좋습니다.

우리 아이에게 꼭 맞는 **티테라피**

향부자차

모래땅에 자라는 여러해살이풀인 향부자의 잔뿌리를 햇볕에 말려 약재로 사용합니다. 주로 신경성 위통, 소화불량, 부인병에 약재로 쓰는데요, 게임중독인 아이들에게 처방하면 가슴이 답답하고 막힌 듯한 느낌을 풀어주며 기분을 좋게 하는 효능이 있습니다. 소화를 돕고 짜증도 가라앉혀 아이가 한결 편안해지는 것을 볼 수 있습니다.

필요한 재료
- 향부자 12g, 물 1ℓ

만드는 법
- 향부자를 가볍게 씻어 쌀뜨물에 하룻밤 담가놓으세요.
- 향부자를 건져 물기를 제거한 뒤 팬에 기름을 두르지 않고 볶습니다.
- 충분히 볶아졌으면 한 김 식힌 후 냄비에 넣고 물을 부어 중불에서 30분 정도 우려냅니다.
- 아침저녁으로 한 잔씩 마시게 합니다.

대추차

대추는 마음의 안정을 유도하는 대표적인 약재입니다. 또한 불면증이 있거나 잠을 푹 자지 못하는 아이들에게 큰 도움이 됩니다. 대추차를 꾸준히 마시게 하면 몸과 마음이 따뜻해지면서 답답했던 가슴이 시원해지는 것을 느낄 수 있습니다. 단 몸이 뚱뚱하고 변비가 있는 아이들은 주의가 필요합니다.

필요한 재료
- 대추 10g, 기호에 따라 꿀, 물 1ℓ

만드는 법
- 대추는 깨끗하게 씻어서 물기를 제거합니다.
- 냄비에 대추를 넣고 물을 부어서 끓입니다.
- 충분히 끓인 뒤 대추가 물러지면 불을 줄이고 졸여주세요.
- 대추를 건져 잘 으깬 뒤 과육만 걸러 넣고 한 번 더 끓입니다.
- 불을 끄고 꿀을 넣어 잘 저어주면 완성입니다.

몸과 마음을 시원하게 풀어주는 지압법

감정을 편안하게 가라앉히는 혈자리
내관혈

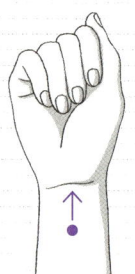

내관혈은 손목이 시작되는 곳에서 손가락 두세 개 정도 떨어진 곳에 위치하고 있습니다. 본래 비장과 위장을 가지런하게 정돈해주는 혈자리인데요, 속에서부터 올라오는 구토나 구역감을 가라앉히는 데 효과가 있습니다. 성장기의 불안정한 아이들에게 내관혈 지압을 해주면 감정이 편안하게 가라앉고 안정감이 들며 기분이 좋아집니다. 손톱이나 뾰족한 것으로 꾹꾹 눌러줍니다.

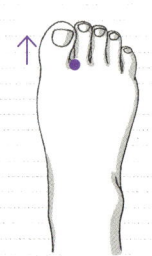

화를 내리고 삭혀주는 혈자리
행간혈

행간혈은 '가다', '걷다', '나아가다'라는 뜻을 갖고 있는 혈자리입니다. 그 위치가 엄지와 검지 발가락 사이에 자리하고 있는 것처럼 동적인 움직임을 나타내니 기(氣)와 관련이 깊습니다. 게임에 사로잡혀 시간을 보내는 아이라면 행간혈을 자극해주면 화를 내리고 삭혀서 화가 나거나 열 받는 것을 덜하게 하는 데 도움이 됩니다. 작은 일에도 걸핏하면 짜증을 내는 아이들에게도 자주 자극해주면 좋습니다.

학교에 가기 싫어해요

학생이면 당연히 학교에 가야 하고 공부를 해야 한다고 생각하지요. 하지만 비슷비슷한 환경의 학교를 초중고 12년씩 다니다 보면 지겨울 수밖에 없습니다. 어릴 때야 학교에 가면 친구들과 노는 게 즐겁기라도 하지만 학년이 올라갈수록 그것도 심드렁해지기 마련입니다.

학교가 나와 잘 맞지도 않는 것 같고, 학교에 가도 미래가 없다고 느끼는 아이들은 자연히 왜 학교에 가야 하는지 의문이 들기 시작할 것입니다. 대학에 대한 압박은 점점 커지고, 성적은 안 오르고 그러면 더욱 학교에 가기 싫겠지요. 그러다 보니 부모님에게 거짓말을 하고 등교를 안 하거나 몸이 아프다는 이유로 등교를 못하게 되는 경우들이 생깁니다.

핑계가 아니라 실제로 느껴지는 통증
SOLUTION　마음 안정시키고 자율신경을 조율해주세요

학교에 가기 싫은 아이는 온갖 핑계를 댑니다. 배도 아프고, 머리도 아프고, 힘도 없고, 아침에도 못 일어나고 가지각색이지요. 하지만 단순히 이것이 학교에 가기 싫은 핑계라고만 생각하면 안 됩니다. 아이가 정말 아픈 것은 몸이 아니라 마음일 수도 있기 때문입니다.

심리적 불안과 스트레스는 우리 몸의 엔진인 심장에 무리를 주고, 이는 온몸의 장기에 영향을 미쳐 약한 곳부터 그 기능을 약화시킵니다. 시작은 '학교에 가기 싫다'는 심리적 원인이었을지라도 아이가 느끼는 통증은 '실제'일 수도 있다는 것이지요. 화병이 나면 가슴이 답답하고 목이 타들어가고 머리가 아픈 것과 같은 원리입니다.

아파서 학교를 못 간다고는 하지만 병원 검사 결과 통증을 유발하는 특별한 원인을 발견하지 못했다면 바로 이런 심리적인 증상이 원인일 수 있습니다. 화가 치성한 아이의 마음을 안정시키고 자율신경을 조율하는 치료를 통해 마음은 물론 몸의 통증까지 함께 치료가 가능한 만큼, 아이를 잘 설득하여 적절한 치료를 받게 해주는 것이 무엇보다 급선무입니다.

수능이나 대학에 대한 강박에서 벗어나기
SOLUTION　열린 결말로 아이를 응원해주세요

학교를 가지 않으려고 하는 아이들에게는 공부를 하라고 하거나 대

학을 가라고 목표지향적인 잔소리를 하는 것은 별 도움이 되지 않습니다. 일단은 멀리 있는 목표점이 아닌, 눈앞의 계단 한 개부터 오를 수 있도록 도와주세요.

공부 좀 못하면 어떻습니까. 고등학교를 졸업하고 수능에 응시하는 것만으로도 아이에게는 훌륭한 도전과 성취의 경험이 됩니다. 지금 당장은 인생이 끝난 것 같겠지만 인생의 계단을 한 개, 한 개 오르다 보면 나에게도 반드시 기회와 꿈이 생길 것이라는 희망을 주는 것이 중요합니다. 부모님과 의료진의 역할은 처음 한 계단을 오를 수 있는 용기를 주는 것, 그것이 전부입니다.

그것이 정원미달의 지방대학이든, 유학이든 아이가 성인으로서 다시 시작할 터전을 마련해주세요. 우연히 사귄 친구가 무척 성실한 사람이어서 같이 공부하다 길을 찾게 될 수도 있고, 기타 동호회에 들었는데 숨겨진 음악적 재능을 발견할 수도 있습니다. 아이의 인생이 어떻게 펼쳐질지는 아무도 모르는 것입니다.

제가 만난 환자 중 한 분은 고등학교 때까지는 집안의 골칫거리 취급을 받았지만 대학에 진학한 뒤 '워킹 홀리데이' 프로그램을 통해 자신의 꿈을 발견한 후 지금은 아프리카에서 집짓기 봉사 활동을 하며 의미 있는 인생을 살아가고 있습니다.

수능이나 대학이 인생의 전부가 아님을, 언제든지 다시 시작할 수 있는 나이임을 아이 스스로 깨달아야만 깊고 깊은 마음의 병에서 스스로 빠져나올 수 있습니다. 그 시작은 부모님이 먼저 이러한 사실을 믿고 아이를 진심으로 지지하는 것임을 기억하시기 바랍니다.

반드시 학교로 돌아가야 하는 경우
SOLUTION 고등학교 졸업장의 필요성을 알려주세요

저를 찾아오는 아이들 중 20~30퍼센트는 학교를 다니지 않거나, 학교를 가기 싫어하는 아이들입니다. 그런 아이들의 경우, 학교로 돌려보내는 것만이 능사는 아니기에 매번 심사숙고하게 됩니다. 공부 외에 다른 꿈이 있거나 소신이 있는 아이들은 굳이 학교로 돌아가지 않아도 자신의 인생을 개척할 힘이 있기 때문에, 그럴 때는 부모님을 설득하는 데 중점을 둡니다.

반대로 반드시 학교로 돌아가라고 설득해야 하는 경우도 있습니다. 첫 번째는 중학교 1~2학년일 경우입니다. 너무 저학년일 때 학교가 가기 싫어 우울증이나 강박증을 경험하는 아이들은 그 증상을 치료한다고 하더라도, 다시 고등학교에 가서 증상이 반복되는 경우가 많습니다. 그리고 열네다섯 살의 아이들이 5년이 넘는 시간 동안 집이나 사회에서 할 수 있는 일이라고는 컴퓨터 게임이 유일하다는 것도 문제입니다. 그들은 주어진 자유를 가치 있게 누리기에는 아직 너무 연약합니

불만과 화가 많은 아이에겐 아로마테라피
가슴에 억눌려 있던 억울함과 불만, 분노 등을 풀어내고 진정시키는 데는 백단향, 라벤더, 캐모마일 등의 아로마가 효과적입니다. 향기 분자는 코 점막을 통해 뇌로 바로 전달되기 때문에 먹는 것보다 더 빠른 효과를 볼 수 있습니다.

다. 그래서 학교라는 소속집단이 필요하지요.

두 번째는 검정고시에 합격할 가능성이 낮은 친구들입니다. 한마디로 공부 쪽으로는 머리가 발달하지 않았거나 오랫동안 공부를 멀리해서 지금부터 시작한다 하더라도 웬만한 노력으로는 검정고시 합격이 힘든 친구들이 있습니다. 이런 친구들은 학교를 그만둬도 또 검정고시 공부를 해야 한다는 사실과 검정고시에 떨어져서 고등학교 졸업도 하지 못했을 때의 인생에 대해 현실적으로 얘기해주어야 합니다.

공부를 곧잘 하는데 학교가 가기 싫은 친구들은 오히려 그만두는 것이 나을 수도 있습니다. 검정고시만 붙으면 굳이 학교를 다니지 않아도 만날 수 있는 기회가 얼마든지 있으니까요. 하지만 고등학교를 졸업하는 것과 졸업하지 못하는 것은 완전히 다른 이야기입니다. 바로 이런 현실적인 이야기로 아이들이 현명한 선택을 할 수 있도록 도와주시는 것이 좋습니다.

무기력하고 의욕이 없는 아이에겐 햇빛테라피

햇빛을 충분히 쬐지 못하면 멜라토닌 분비가 감소하여 행복호르몬이라 불리는 세로토닌이 생성되지 않습니다. 가급적 창문을 활짝 열어두고 학교에서도 쉬는 시간을 이용해 밖으로 나가 햇빛을 보며 스트레칭을 하도록 지도해주세요.

생활 속에서 실천하는 **밥상 위의 보약**

멸치·두부·검은깨·치즈
불만과 화가 많은 아이에게 도움되는 식품

마음을 진정시키고 뜨거워진 심장을 가라앉히려면 칼슘이 풍부한 음식을 해주시는 것이 좋습니다. 대표적으로 멸치, 두부, 검은깨, 치즈 등에 풍부합니다. 칼슘은 성장기의 청소년들에게 일석이조의 효과를 주는 영양소인 만큼 여러모로 도움이 되실 것입니다.

소고기·닭고기·바나나·완두콩·양배추
무기력하고 의욕이 없는 아이에게 도움되는 식품

행복호르몬이라고 불리는 세로토닌의 구성물질인 트립토판이 함유되어 있는 음식들을 자주 해주세요. 소고기, 닭고기, 바나나, 완두콩, 양배추 등이 대표적입니다. 마음을 안정시키고 편안하게 해주기 때문에 축 쳐진 아이에게 작으나마 힘이 되어줄 것입니다.

———————————————————— 우리 아이에게 꼭 맞는 **티테라피**

불만과 화가 많은 아이에게는
모려차

예부터 한의학에서는 가슴속에 쌓인 화를 내려주는 치료에 용골(매머드의 뼈), 모려(굴 껍데기) 등 차가운 성질을 가진 동물성 약재를 사용해 왔습니다. 이런 약재들은 뜨거운 기운을 눌러줄 뿐 아니라 식은땀, 불면증 등에 효능이 있습니다. 굴 껍데기를 곱게 갈거나 끓여서 먹으면 신경안정제 역할을 하여 화를 낮춰주는 효과를 얻을 수 있습니다.

필요한 재료
- 굴 껍데기 20g, 물 1ℓ

만드는 법
- 굴 껍데기를 솔로 깨끗하게 씻어 흐르는 물에 잘 헹궈주세요.
- 냄비에 굴 껍데기를 담고 물을 부어서 끓입니다.
- 끓어오르면 불을 줄여 30분 정도 달인 뒤 물만 깨끗하게 따라 마시게 합니다.

무기력하고 의욕이 없는 아이에게는

진피차

귤껍질을 말려 약재로 이용하는 진피는 약재상에서 손쉽게 구할 수 있는 약재로, 소화기를 보하고 울체된 것을 풀어주며 손발을 따뜻하게 합니다. 또 비타민 C가 많아서 면역력도 높이고 피로도 풀어주기 때문에 몸과 마음을 한결 가볍게 하고 기력과 의욕을 높이는 효능이 있습니다.

필요한 재료
- 무농약 귤껍질 적당량, 물 1컵

만드는 법
- 귤껍질은 베이킹 소다를 이용해 깨끗하게 씻어주세요.
- 귤껍질에 묻은 물기를 제거하고 꼭지 부분을 떼어낸 뒤 잘게 채를 썹니다.
- 통풍이 잘 되는 그늘에서 바삭하게 말려주세요.
- 뜨거운 물을 부어서 우려 주시면 됩니다.

치자청국장차

치자청국장차는 심신을 안정시키고 편하게 만들어주는 효능이 있습니다. 그중에서도 치자는 독성이 없고 우리 몸의 여러 기관에 좋은 영향을 미칩니다. 무엇보다 가슴이 답답하고 화가 치밀어 오를 때 도움이 됩니다. 몸이 냉하다면 생강이나 감초, 대추 등을 조금씩 넣어서 끓여도 좋습니다.

필요한 재료

- 치자 8g, 청국장 가루 20g, 물 1ℓ

만드는 법

- 물에 치자와 청국장 가루를 넣고 끓여줍니다.
- 30분 정도 끓여서 2주 정도 꾸준히 마시게 합니다.

몸과 마음을 시원하게 풀어주는 지압법

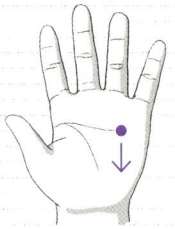

불만과 화가 많은 아이를 위한 혈자리
소부혈

소부혈은 심혈관 질환을 예방하고 혈액순환을 원활하게 해서 몸속에 쌓인 열기를 내려주는 혈자리입니다. 화혈을 사해서 몸과 마음의 불을 잠시 꺼주는 역할을 하는데요, 열기를 조절해서 위와 장이 건조해지는 것을 방지해줍니다. 화가 치밀어 오르고 가슴이 답답할 때, 열받았을 때 자극해주면 큰 도움이 됩니다. 손바닥에 자리하고 있어 자극하기도 쉽기 때문에 수시로 지압을 해주면 좋습니다.

무기력하고 의욕이 없는 아이를 위한 혈자리
소충혈

심장경락이 흐르는 새끼손가락을 자극하면 몸이 따뜻해지고 활력이 생깁니다. 새끼손가락 손톱 안쪽 방향으로 손톱 뿌리의 2mm 정도에 위치하고 있는데요, 양쪽 새끼손가락을 차례로 자극해주면 마음이 따뜻해지고 우울한 기분이 나아지는 것을 느낄 수 있습니다. 새끼손가락 전체를 손바닥에서 손끝 방향으로 천천히 올라가며 자극합니다.

공황발작을 일으킨 적이 있어요

공황장애로 인해 발작을 일으키면 호흡에 문제를 일으키고 죽을 것 같은 공포를 느끼기 때문에 한번 발작을 경험하면 엄청난 두려움에 시달릴 수밖에 없습니다. 그래서 최대한 발작을 일으킬 만한 장소나 경험 등을 피하게 됩니다. 요즘은 학생들 사이에서도 이러한 공황장애가 나타나는 경우가 많아서 학교생활이나 시험을 보는 도중 호흡곤란, 식은 땀, 심한 어지러움 등으로 급히 병원을 찾는 케이스가 늘어나고 있습니다.

공황장애의 공통점은 마음고생이 심하거나 힘든 일이 있을 때 많이 나타난다는 점입니다. 성적 문제로 고민하거나 친구들과의 관계에서 문제가 생겨서 나타나는 공황장애는 성적이 오르고 친구들과의 관계가 좋아지는 등 좋은 일이 생기면 자연스럽게 호전됩니다. 하지만 이런 일이 생각처럼 쉽지 않기 때문에 부모님의 역할이 중요한 것이죠.

대부분은 부모들조차 자녀에게 나타나는 증상이 무엇인지 몰라서 당황하는 경우가 많습니다. 특정한 장소나 상황에서 자녀에게 공황장애가 나타나는 것 같다면, 최대한 잘 모면하고 피할 수 있도록 배려해주시는 것이 중요합니다. 공황장애는 그 순간만 잘 극복하면 금방 사라지는 증상입니다. 이러한 사실을 믿고, 아이들이 그 상황을 혼자서도 잘 극복할 수 있도록 여러 가지 방법들을 차분히 가르쳐주시기 바랍니다.

공황장애 발작 시 응급 대처법

공황장애를 겪고 있다면 아이의 심적 불안을 야기하는 원인을 파악하고 몸과 마음을 함께 치유해야 합니다. 그리고 언제 발생하지 모르는 발작에 대비해 응급 대처법을 익혀두는 것도 필요합니다.

심호흡하기

너무 간단한 방법이지만, 무엇보다 큰 도움이 되는 것이 바로 심호흡입니다. 다행히 실외로 나갈 수 있는 상황이라면 바람을 쐬고 심호흡을 하면서 숨이 가쁘고 답답한 느낌이 조금이라도 감소하고 마음이 안정되도록 노력해야 합니다.

만약 엘리베이터 안이나 지하철, 버스 안처럼 바로 외부로 빠져나갈 수 없는 곳에서 발작이 일어날 경우에는 천천히 숨을 들이쉬고 내쉬거나 숫자를 거꾸로 세면서 정신을 가다듬는 것이 도움이 됩니다. '나는 괜찮다' '마음이 편해진다'와 같은 말을 주문처럼 반복해서 외우는 것도 좋겠지요. 만약 부모님이 옆에 계신 경우라면 손이나 팔을 주물러 주는 것도 도움이 됩니다.

심장을 시원하게 해주는 효능이 있는 청심원을 가지고 다니다가 공황장애로 인한 발작이 나타날 때 3분의 1정도씩 천천히 씹어서 먹도록 하는 것도 도움이 됩니다.

비닐봉지로 재호흡하기

공황장애인 것을 스스로 알고 있는 학생의 경우, 어디를 가든 비밀봉지를 하나 챙겨 갖고 다니면 좋습니다. 발작이 일어나면 호흡이 가빠지고 숨을 잘 쉴 수 없는데 이때 비닐봉지를 꺼내서 입에 대고 호흡을 하면 큰 도움이 되기 때문입니다.

이는 천식 환자들이 많이 사용하는 방법이기도 한데요, 과호흡 시에는 산소의 농도가 과포화되고, 상대적으로 이산화탄소의 양이 적어집니다. 이때 비닐을 이용해 호흡하면 이산화탄소의 비율을 높일 수 있어 호흡을 안정시키는 데 도움을 줍니다. 의학적으로는 여러 의견이 있고 완전한 정설은 아니지만 뭐라도 의지하고 싶은 마음을 안정시키는 데 꽤 효과적입니다.

공황장애는 치료가 필요한 병

SOLUTION   병에 대해 알려주고 마음의 여유 찾아주세요

공황장애를 겪고 있는 자녀를 둔 부모님들이 꼭 기억하셔야 할 것은 자녀가 특별히 다른 아이보다 나약하거나 문제가 있어서 발생한 질병

이 아니라는 사실입니다. 공황장애는 본인의 의지만으로 극복할 수 있는 문제가 아닙니다. 아이의 문제를 병으로 인식하고 모든 가족이 지속적으로 소통하면서 의료진의 도움을 받아야 하는 이유입니다. 반드시 자녀를 데리고 빠른 시일 내에 가까운 병원을 찾으시길 바랍니다.

백첩의 약을 쓰고 노력을 해도 쉽게 낫지 않던 병들도 환자의 의지로 인해 기적처럼 낫는 경우가 종종 있습니다. 몸의 병도 마음의 병도 마찬가지입니다.

학업에 대한 스스로의 욕심, 부모님의 욕심을 과감하게 내려놓거나 조금 줄이고 아이의 삶에 조금이라도 여유를 찾아주는 것이 가장 좋은 치료법입니다. 가끔 운동도 시키고 즐거운 취미활동도 함께 해보세요. 자신이 지쳐 있다는 사실도 잊은 채 오늘도 학교로, 학원으로, 다시 독서실로 발길을 옮기는 아이의 마음을 한 번 더 살펴봐주세요.

발작이 일어나는 순간, 아이들은 죽을 것 같은 공포가 생기거나 환각, 이인감, 현실과의 괴리감 등을 경험하면서 내가 미친 게 아닐까 겁

마음의 휴식을 제공하는 백단향 아로마테라피

마음의 병은 마음의 휴식으로 치유해야 합니다. 가장 효과적이고 빠른 방법이 향기요법, 흔히 말하는 아로마테라피입니다. 백단향(샌달우드)은 열로 부은 것을 삭히고 가슴 부위와 위장의 통증, 구토 등에 쓰이는 약재로, 향기로 흡입하면 공황장애로 흥분되고 과열된 마음을 가라앉게 하는 효능이 있습니다. 공황장애가 있는 자녀의 방에 두거나 지니고 다닐 수 있도록 작은 향주머니를 만들어주시면 큰 도움이 됩니다.

을 냅니다. 하지만 공황장애로 미치거나 죽는 일은 없습니다. 증상 또한 한 시간 안에 대부분 사라집니다. 아이에게 이 사실을 정확히 인지시키는 것이 중요합니다. 그래야 두려움에서 벗어나 정신을 차리고, 심호흡을 하면서 마인드컨트롤을 할 수 있습니다. 공황장애는 더 이상 두려운 대상이 아니라는 것을 아이 스스로 느끼게 해주세요.

생활 속에서 실천하는 **밥상 위의 보약**

현미밥
혈당을 일정하게 유지하는 것이 중요

탄산음료나 설탕, 밀가루 같은 정제 탄수화물은 흡수가 빨라 혈당을 큰 폭으로 오르내리게 합니다. 뇌에 혈당 공급이 원활하지 않으면 뇌가 흥분하거나 가라앉기를 반복하게 되는데요, 흥분과 불안이 반복적으로 교차하게 되는 것이죠. 식사는 현미식을 기본으로 하고 떡이나 국수 등의 음식은 제한하는 것이 좋습니다. 식사 시간도 규칙적이어야 혈당 수치를 일정하게 유지할 수 있습니다.

슈퍼푸드
항산화물질 풍부한 자연 식품들

공황장애를 비롯해 우울증, 불면증 등이 있을 때는 항산화 물질을 다량 함유하고 있는 식품을 많이 섭취하는 것이 좋습니다. 블루베리나 블랙베리, 딸기 등의 베리류, 사과나 푸룬 같은 과일, 월넛이나 피칸 등의 견과류도 좋습니다. 채소 중에는 브로콜리, 시금치, 케일 등이 도움이 되고, 강황을 꾸준히 섭취하는 것도 도움이 됩니다.

카페인 음료는 과열된 심장을 더욱 자극하니 삼가세요

공부하는 시간을 늘리기 위해 카페인이 들어간 음료를 섭취하는 학생들이 많습니다. 최근에는 잠 깨는 데 도움이 된다는 고카페인 음료가 다양하게 출시되어 아이들의 건강을 위협하고 있습니다. 공황장애에 이런 카페인 음료 섭취는 과열된 심장에 더욱 민감한 영향을 끼치기 때문에 삼가는 것이 좋습니다.

우리 아이에게 꼭 맞는 **티테라피**

치자담두시차

담두시는 콩을 삶은 후 쪄서 말린 발효콩을 말하는데 청국장과 비슷하지요. 집에서는 청국장 가루로 대신하셔도 괜찮습니다. 치자는 심장과 폐 등 주요장기에 약이 되는 약재로 항산화 효과 또한 매우 뛰어나며 가슴이 두근거리거나 갑갑한 증상을 없애는 데 탁월합니다. 약재상이나 인터넷에서 말린 것을 살 수 있습니다. 담두시가 없으면 청국장 가루로 대신해도 됩니다.

필요한 재료
- 치자 8g, 담두시 가루 20g, 물 1ℓ

만드는 법
- 치자와 담두시 가루를 물에 넣어주세요.
- 불에 올려 물이 끓으면 약불로 줄여서 달여주세요.
- 물 양이 2/3분 정도로 줄어들 때까지 끓입니다.
- 하루 3번 정도로 나눠서 마시게 합니다.

대추감초차

대추는 긴장을 풀어주는 효능이 있습니다. 감초는 급박한 것을 해결해주고 안정시켜주는 효능이 있습니다. 대추와 감초를 넣어서 차를 끓여 마시면 갑작스럽게 나타나는 공황장애에는 도움이 됩니다. 달콤한 맛이 심신의 안정을 유도하고 행복한 기분을 불러일으킵니다.

필요한 재료
- 대추 10개, 감초 6g, 물 1ℓ

만드는 법
- 대추는 잘 씻어서 가위집을 넣어줍니다.
- 작은 냄비에 대추와 감초를 넣고 끓입니다.
- 물이 끓어오르면 불을 줄이고 물 양이 절반 정도 줄어들 때까지 달입니다.
- 맑은 차만 따라 마시게 합니다.

몸과 마음을 시원하게 풀어주는 **지압법**

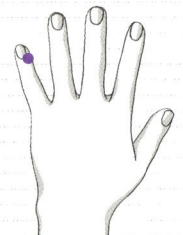

순식간에 정신이 번쩍 들게 하는 혈자리
소충혈

공황발작이 일어날 것 같을 때는 당황하여 이도 저도 생각이 나지 않지요. 이때 무조건 가장 먼저 눌러야 하는 것이 바로 새끼손가락 옆에 있는 소충혈입니다. '작게 충격을 준다'라는 뜻이 있는 소충혈은 심장을 대표하는 혈자리로 통증을 일시적으로 감소시키고 정신이 번쩍 들게 하며 답답한 가슴과 현기증, 불안정함을 해소하는 효능이 있습니다.

폐에 공기를 불어넣어주는 혈자리
어제혈

어제는 엄지 아래 손바닥 옆면에 자리하고 있습니다. 수태음 폐경의 화혈로, 숨이 가쁘고 질식할 것 같은 느낌이 들 때 반복해서 눌러주면 폐로 공기가 들어가면서 상쾌해지는 느낌을 받을 수 있습니다.

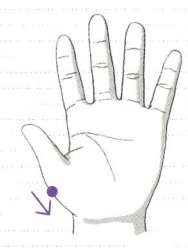

심장과 맥박을 안정시키는 혈자리
소부혈

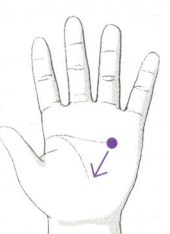

심장이 두근거리고 맥박이 빨라지는 느낌이 심할 때는 새끼손가락 아래 손바닥 부위에 있는 소부혈을 눌러줍니다. 이곳을 누르면 마치 달리는 자동차의 엑셀에서 잠시 발을 떼는 것 같은 역할을 하게 됩니다. 정확한 자리가 아니어도 상관없으니 손톱으로 찌르거나 두들기는 등의 자극을 주면 두근거리는 심장과 맥박이 조금 안정을 찾을 수 있습니다.

맑고 개운한 이성을 되찾아주는 혈자리
노궁혈

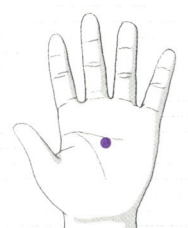

죽을 것 같은 공포심이 들거나, 자제력이 상실될 때, 정신이 혼미해질 때는 손바닥의 가운데 쪽인 수궐음 심포경의 화혈인 노궁을 눌러주세요. 단순한 신체의 증상만이 아니라 정신적으로 이상해지는 느낌이 들 때 이곳을 누르면 정신이 맑아지고 개운해지면서 이성을 되찾는 데 도움이 됩니다.

외모에 지나치게 집착해요

청소년기에 외모에 집착하는 아이들이 의외로 많습니다. 예전에는 중학교 2, 3학년 무렵 사춘기와 함께 나타났는데, 최근에는 연령도 점점 낮아져서 초등학생 때부터 나타납니다. 또한 그 강도도 점점 세지고 있습니다.

집착의 형태는 여러 가지로 나타납니다. 폭식증, 거식증 등 체중에 집착하는 유형의 아이들이 있는가 하면 얼굴을 예쁘게 가꾸는 데 집착하는 아이들이 있습니다. 성형, 지방흡입 등 성장기 아이들에게는 문제가 될 수 있는 의료시술에 기대려 하고 옷이나 헤어스타일, 액세서리, 문신 등으로 자신을 드러내려 하기도 합니다.

미용중독, 성형중독 예방하려면
SOLUTION 학생 본분 벗어나지 않는 선에서 인정해주세요

사춘기를 겪으면서 아이들이 미용에 관심을 갖는 것은 당연한 일처럼 여겨집니다. 그런데 도가 지나치다면 언제, 무슨 일 때문에 그런 집착이 시작되었는지 원인을 찾는 것이 중요합니다. 외모에 대한 집착도 강박증에 의한 것으로 이해해야 하기 때문이죠.

어쩌면 외모 문제로 친구들 사이에 따돌림을 받고 있을 수도 있고, 이성 친구에게 마음을 빼앗겨 학생으로서의 본분을 망각한 것일 수도 있지요. 공부가 너무 힘들다거나 이런 식으로는 미래에 대한 희망이 없다는 식의 자포자기 심정으로 외모에만 집착하는 아이들도 있습니다. 외모에 대한 집착 이면에 상처가 도사리고 있는 것이지요. 이때 외모는 현실을 회피하기 위한 도구가 됩니다. 해도 안 되는 공부는 접어두고, 노력한 만큼 쉽게 보상을 받을 수 있는 표면적인 변화에만 집착하는 것이지요.

또 다른 원인은 자신의 고통을 그런 식으로 드러내는 것입니다. 아이들이 아직 어려서 자신의 속마음을 솔직하게 표현하는 기술이 부족하다 보니 부모의 관심을 끌기 위한 방편으로 외모에 집착하는 '문제'를 일으키는 것이지요. 일종의 반항이라고 할 수 있습니다. 이럴 때는 외모에 대한 관심은 적당히 인정해주면서 할 일은 해야 한다고 조심스럽게 타이르는 것이 좋습니다.

중독이나 강박증으로 심화되기 전에 적극 치료

SOLUTION 아이의 마음 속 불안을 이해해주세요

외모에 대한 집착이 지나쳐서 자기 할 일을 못할 정도가 되면 병으로 간주하고 적극적인 치료에 들어가야 합니다. 외모를 가꾸는 일로 부모랑 언쟁을 하고 밥을 안 먹거나 학교를 안 간다든지 하는 아이들이 적지 않습니다.

그러다 보면 성적이 떨어지고 부모는 민감한 반응을 보일 수밖에 없는 것이지요. 심지어 부모의 돈이나 카드를 훔쳐서 성형을 하는 아이들도 있을 정도입니다.

집착이 이 정도 수준에 이르면 아이 혼자서는 제어를 하지 못합니다. 마치 알코올 의존증처럼 미용중독, 성형중독 증상이 나타나는 것이죠. 이 시기에는 어떤 것에건 중독 증상이 나타나면 되도록 빨리 대응하는 것이 좋습니다. 방치할 경우 더욱 강화되어 되돌리기가 점점 어려워지기 때문입니다.

강박증은 기본적으로 불안이 원인이 되는 경우가 많습니다. 아이의

말린다고 될 일이 아니에요

청소년기에 외모 꾸미는 것을 좋아하는 것은 당연한 일입니다. 못하게 한다고 해서 될 일이 아니지요. 오히려 화장품이나 옷을 선물해주고 아이의 관심을 지원해주는 것이 더 도움이 됩니다. 적당히, 학업에 방해가 되지 않는 선에서 학생답게 즐길 수 있게 지도해주시는 것이 현명한 방법입니다.

마음에 불안이 도사리고 있다는 것을 이해하시고 가정에서 안정감을 느낄 수 있도록 해주시는 것이 중요합니다. 불안을 완화해주는 음식이나 환경을 만들어주며 교감하는 시간을 늘려보는 것도 좋겠습니다.

생활 속에서 실천하는 **밥상 위의 보약**

아스파라거스
엽산으로 몸과 마음의 긴장 풀어주는 식품

아스파라거스는 엽산의 보고라 할 만한 식품입니다. 엽산은 몸과 마음의 긴장을 풀어주고 기분을 좋게 만들어주는 효능을 갖고 있지요. 아삭아삭 씹는 식감이 기분까지 상쾌하게 만들어줍니다. 석쇠에 구워서 먹어도 좋고, 버섯과 함께 볶아 먹어도 좋습니다. 아이들이 좋아하는 음식을 할 때 조금씩 썰어 넣으면 섭취량을 늘릴 수 있습니다.

당근
영양 풍부하고 포만감 높은 다이어트 필수 식품

다이어트를 하는 사람이라면 가장 먼저 챙겨야 할 식품이 당근입니다. 영양분은 풍부한 반면 칼로리는 낮고 포만감은 높은 편이거든요. 스트레스 해소는 물론, 눈의 건강을 좋게 해주는 식품이니 자주 식탁에 올려주세요. 당근은 기름에 익혀서 먹는 것이 소화 흡수에 좋은데요, 올리브오일을 두르고 양파와 함께 살짝 볶아서 먹으면 좋습니다.

시금치
마그네슘 풍부해서 호르티솔 억제

시금치는 코르티솔이라고 하는 스트레스 호르몬을 억제하는 효과가 있는 식품입니다. 마그네슘이 풍부해서 꾸준히 섭취하면 마음을 편안하게 해준답니다. 시금치나물이나 시금치된장국 등으로 섭취하게 해주면 편리하고 샐러드나 파스타 등에 넣어서 함께 먹는 것도 좋습니다.

우리 아이에게 꼭 맞는 **티테라피**

영지버섯차

영지버섯은 면역체계를 활성화하고 정기를 증강하고 원기를 회복하는 데 도움이 되는 약재입니다. 항염, 항균작용이 탁월하고 심장을 튼튼하게 하며 성인병을 예방하는 것으로 알려져 있습니다. 변비를 완화해주고 비만과 다이어트에 도움이 되기 때문에 외모에 관심이 많은 아이들도 관심을 보일 만합니다.

필요한 재료
- 영지버섯 10g, 감초 약간, 물 2ℓ

만드는 법
- 먼저 영지버섯을 깨끗이 씻어주세요.
- 냄비에 물을 붓고 영지버섯을 넣어서 끓입니다.
- 감초를 넣어 영지버섯 특유의 쓴맛을 완화해주면 더욱 좋습니다.
- 기호에 따라 대추나 구기자 등을 첨가해도 좋습니다.
- 물이 반으로 줄어들 때까지 달이면 됩니다.

용안육차

용안육은 성은 따뜻하고 무독하며 단맛을 냅니다. 심장과 비장을 보하는 약재로 불안한 마음을 다스리는 데 도움이 됩니다. 기혈이 부족하거나 근심하고 두려워하는 심계정충증이 있을 때, 건망증이 있으면서 잠을 잘 못잘 때, 혈이 허하여 누렇게 뜨는 증상이 있을 때 주로 사용합니다.

필요한 재료
- 용안육 10g, 물 1ℓ

만드는 법
- 물에 용안육을 넣고 끓입니다.
- 물이 절반 정도로 줄어들면 따뜻하게 차로 마시게 합니다.
- 물의 양을 조절해 입맛에 맞는 농도를 찾으시면 됩니다.

목향차

목향은 국화과 식물로 뿌리를 한약재로 사용합니다. 발한, 이뇨, 거담제로 주로 사용하는데 담즙분비 촉진, 억균 작용 등에 뛰어난 효능을 보입니다. 공진단에 사향 대신 들어갈 만큼 마음을 안정시키는 작용이 크다고 알려져 있습니다. 청소년기의 불안을 완화하는 데 도움이 되는데, 뇌에 작용을 해서 마음을 편안하게 해주는 효과가 있습니다.

필요한 재료
- 목향 4g, 꿀 적당량, 물 1ℓ

만드는 법
- 목향에 꿀을 넣어서 살짝 볶아줍니다.
- 볶은 목향을 물에 넣고 끓여줍니다.
- 식후에 한 잔씩 하시게 하면 좋습니다.

몸과 마음을 시원하게 풀어주는 지압법

마음의 강박에서 놓여나게 해주는 혈자리
신문혈

손목 안쪽에 위치하고 있는 신문혈은 심장경락을 타고 심장까지 연결된 자리로 심장으로 가는 기운을 열어 울체를 풀고 길을 열어주는 효과가 있지요. 외모에 대한 집착과 불안을 사그라지게 하고 마음을 안정시켜 마음의 강박을 풀어줍니다. 이 혈자리를 자극해주면 심장과 몸이 천천히 편안해지는 걸 느낄 수 있습니다. 반대쪽 검지손가락을 이용해서 초침 속도로 가볍게 톡톡톡 두드려주면 좋습니다.

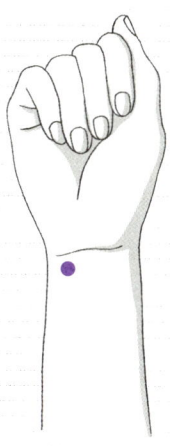

Part
3

현실적인 문제로
고민하는 아이들

친구가 없고 집에만 있어요

친구들이나 가족 외의 타인을 만나거나 대화하는 상황을 두려워하고 유독 부끄러워해서 공포증을 느끼는 아이들이 있습니다. 일종의 대인공포증이라고 할 수 있지요. 이런 아이들은 '내가 바보처럼 보이진 않을까?' '친구들이 나를 나쁘게 보지 않을까?' '얼굴이 빨개지면 어떡하지?' 등 불안한 마음이 극심해서 아예 만남 자체를 기피하며 하루 종일 집에서만 지내기도 합니다.

사람은 누구나 타인이 나를 어떻게 바라볼까 신경을 쓰며 살아갑니다. 이왕이면 좋은 인상을 주고 싶고, 긍정적인 평가를 받고 싶기 때문에 조금이라도 자신이 바보 같아 보이거나 실수를 했다고 생각하면 불안하고 걱정스럽지요.

요즘 아이들은 어릴 때부터 발표나 토론수업도 자주 하고, 자신의 의견을 자신 있게 피력해야만 영리하고 총명한 아이로 여겨집니다. 조금이라도 실수를 하거나 창피하고 무안한 경험을 겪었다면 다시는 그런 일을 겪고 싶지 않은 불안감에 사람과의 만남이나 학교생활 자체를 거부할 수도 있습니다. 또는 사람에게서 큰 상처를 받아 누군가와 관계를 맺는 것 자체가 두려워졌을 수도 있겠지요.

모든 아이가 발표를 잘하고 외향적인 성격을 가진 것은 아닙니다. 잘 못하고 부족하고 실수도 할 수도 있지요. 말로 하는 것보다 행동으로 하는 것이 더 편하고 쉬운 아이들도 있습니다. 모두가 다 잘할 수는 없는 노릇입니다.

여유가 없고 이기적인 사람을 만드는 교육
SOLUTION 너그럽고 긍정적인 격려로 용기를 불어넣어주세요

시험결과 하나만으로 아이의 모든 것을 평가하는 우리 교육 시스템에서는 단 한 번의 실수도 용납이 되지 않습니다. 이런 현실을 잘 알고 있는 영리한 아이들일수록 스스로를 채찍질하면서 더 발전하고 노력하기 위해 밤낮으로 애를 씁니다.

하지만 실수를 하지 않는 사람이 세상에 어디 있겠습니까. 누구나 실수하지요. 부모님도 마찬가지고 선생님도 마찬가지입니다. 더군다나 이제 막 인생을 배워가는 청소년들에게 실수란 배움의 또 다른 이름일 뿐입니다. 실수를 통해 배우고 성장하는 것이 어쩌면 이 시기에 치러야 할 가장 중요한 숙제니까요.

그런데 공부만 잘하면 뭐든지 다 해주겠다는 부모의 태도나 실수를 절대 용납하지 않겠다는 교사의 교육방침 아래 자란 아이들은 항상 불

안감과 긴장 속에서 살아갑니다. 상벌에 민감한 부모와 교사 밑에서 자랐기 때문에 자신에게도 타인에게도 같은 기준으로 대하지요. 여유가 없고 이기적인 사람으로 자라날 수밖에 없습니다.

"실수하는 순간 인생은 끝장이야! 정신 똑바로 차려!"라는 무서운 말 대신 "실수해도 괜찮아, 실수를 통해 배우면 되는 거야"라고 따뜻하게 격려해주세요. 아직은 어리고 약한 아이들에게 조금만 더 너그럽게 대해주세요.

아이들은 부모가 자신을 대하는 방식으로 스스로를 대하게 됩니다. 너그러운 부모 밑에서 자란 아이들은 스스로를 긍정적으로 바라보고 너그럽게 대하며 더 많은 기회를 즐겁고 능동적으로 찾아갑니다. 아이가 즐겁고 편안하게 살아가길 바란다면 부모님께서 먼저 그렇게 대해주세요. 눈앞의 성과보다 장기적인 발전이 중요하다는 것을 인지하시고 아이에게 용기를 불어넣어주세요.

치유의 문 여는 원인 찾는 것이 급선무
SOLUTION 아이의 마음을 공감해주는 사람이 필요해요

타인을 대하는 것도 훈련과 노력을 통해 기본적인 것은 갖출 수 있습니다. 아이가 좋아하는 것이 무엇인지 정확하게 알고 그것을 진심으로 공감하고 공유해주는 사람이 주변에 있다면 마음의 문이 조금씩 열릴 것입니다. 사람을 만나는 일이 무섭고 두려운 것이 아니라 편안하고 즐거운 일이 될 수도 있다는 것을 훈련과 연습을 통해 가르쳐주시기 바랍니다.

잘하지 않아도, 능숙하게 하지 않아도 괜찮다고 격려해주세요. 처음은 누구에게나 어려운 법입니다. 반복해서 훈련하고 부족해도 노력하면서 채워나가는 것이 얼마나 가치 있고 아름다운 일인지 아이들에게 알려주세요. 그리고 전문적인 상담치료를 통해 상처받은 마음과 지친 몸을 함께 치유 받을 수 있게 해주세요. 모든 일에는 원인이 있습니다. 그 원인을 함께 찾아가면서 문제에 직면하는 순간, 치료의 길이 열립니다.

상황에 직면하는 순간 나타나는 해법
SOLUTION **상황별 실수에 익숙해지는 연습이 필요해요**

친구를 사귀거나 사람을 만나는 것이 어려운 것은 말을 잘 못하는 자신의 부족함을 드러내고 싶지 않아서인 경우가 많습니다. 하지만 세상사람 모두가 달변이 될 필요는 없지요. 어떤 경우는 어눌해서 더욱 신뢰가 가는 경우도 있으니까요.

기본적인 의사소통과 타인을 대하는 예절 등은 교육을 통해 충분히 익숙해질 수 있습니다. 이런 기술을 익히게 되면 아이의 자신감이 한층 커지는 것을 볼 수 있습니다. 부모님께서 시간을 내서 연습 상황을 만들어주세요. 여러 가지 상황에 대비하며 실수해도 괜찮다고 다독이고 응원해주세요. 믿을만한 사람과 충분히 연습한 후에 대인관계에 나선다면 두려움은 훨씬 줄어들 것입니다.

그 다음 단계는 상황들을 더 이상 피하지 않고 직면하는 연습을 하는 것입니다. 언제부터 자신이 사람들 대하는 것이 힘들었는지, 어떤 상황에서 더 힘들어 하는지 알아야 합니다. 지금까지 대인공포라는 병이 있었기에 상황을 피할 수 있었고, 합리화할 수 있었다면 앞으로는 사회라는 환경에 나 자신을 내보이기로 결단하고 도전해야 합니다.

상황을 마주하고 증상에 직면하는 순간 해법은 드러나게 되어 있습니다. 그 과정에서 아이는 마치 탈피를 하듯 새로운 자신을 발견하게 될 것입니다. 이 과정을 가정 내에서 해결하기 어렵다면 반드시 상담사나 의료인 등 전문가의 도움을 받으시길 바랍니다.

> **하루에 한 번 가족과 함께 산책하기**
>
> 대인기피증을 보이는 아이들은 집에만 있으려는 경향이 강하기 때문에 자칫 게임중독에 빠지거나 우울증, 건강악화 등으로 이어질 수 있습니다. 부모님 혹은 가장 믿을 만한 사람이나 좋아하는 사람과 하루에 한 번이라도 산책을 통해 바깥바람을 쐬고 햇빛을 보게 하는 것이 좋습니다.

이사나 전학 때문에 불안해해요

익숙한 곳을 떠나 새로운 곳으로 이동하는 것은 누구에게나 불안한 일입니다. 아이라서가 아니라, 어른에게도 그것은 쉽지 않은 일입니다. 더군다나 학교라는 작은 울타리 안에서 친구들과의 관계가 가족을 제외한 세상의 전부인 아이들에게 이사나 전학은 큰 스트레스가 아닐 수 없지요.

요즘은 조기유학으로 인한 불안증세로 상담을 요청하는 사례도 많이 늘고 있습니다. 안 그래도 힘든 일이 많은데, 심지어 외국이라니, 말도 통하지 않고 음식도 다르고 생활하는 모습이나 작은 행동패턴, 관심사, 유머코드까지도 전부 다른 문화권의 아이들과 섞이는 것이 아이들에게도 결코 쉬운 일이 아니지요.

여러 가지 정신적 문제가 발생하고 그 때문에 유학을 포기하고 한국으로 다시 돌아오지만, 돌아온 한국에서도 낯설기는 마찬가지다보니 아이들은 점점 설자리를 잃고 방황하게 됩니다. 결국 학교라는 틀에서 튕겨나가고 마는 안타까운 경우도 종종 보게 됩니다.

예측할 수 없는 미래, 걱정은 오히려 손해
SOLUTION 문제가 생겼을 때 해법을 찾는 게 정확해요

불안은 당연한 감정입니다. 사람은 안정에 대한 욕구를 갖고 있습니다. 새로운 곳에 가서 적응하려면 무슨 일이 생길지, 어떤 사람을 만나게 될지 알 수 없으니 누구나 불안할 수밖에 없습니다.

그런데 문제는 불안하다는 부정적인 감정은 아직 일어나지도 않은 최악의 상황을 걱정하면서부터 자라난다는 사실입니다. 새로운 선생님과 친구들이 나를 좋아하지 않으면 어떡하지, 친구를 사귀지 못해서 외톨이가 되면 어떡하지, 성적이 더 안 좋아지면 어떡하지 등등 수많은 걱정과 근심들이 생기는 이유는 사실, 그렇게 되고 싶지 않은 감정이 매우 간절하기 때문인 것입니다.

그런데 막상 새로운 환경에 부딪쳐보면 늘 나쁘기만 한 것은 아니지요. 더 좋은 친구들을 만날 수도 있고 나의 잠재력을 눈여겨보는 좋은 선생님을 만날 수도 있습니다. 내일 무슨 일이 일어날지 우리가 누굴 만나게 될지는 아무도 모르는 일이지요. 분명한 것은 지금 당장은 판단하거나 미리 걱정할 필요가 없다는 사실입니다. 대부분의 걱정은 아직 다가오지 않은 미래에 대한 막연한 두려움에서 옵니다.

혹여 안 좋은 일이 생긴다고 하더라도 그 일은 그때 가서 해결법을 찾는 것이 가장 정확합니다. 아직은 그 일이 무슨 일인지 알 수도 없는

데 미리 해결법을 찾을 수는 없는 노릇이니까요. 그걸 미리 고민하고 걱정한다고 해도 우리가 예방할 수 있는 건 아무것도 없습니다. 우리는 미래를 보는 능력이 없으니까요.

아이의 불안에 공감하고 격려하기
SOLUTION 불안의 원인을 자각하게 해주세요

이사나 전학으로 불안해하고 걱정이 많은 아이에게는 미리 고민하지 말고 기대와 설렘 같은, 더 좋은 일이 생길 수도 있다는 가능성을 먼저 볼 수 있도록 긍정적인 이야기들을 많이 들려주세요. 혹여 무슨 일이 생기면 어떻게든 아이에게 불이익이 생기기 않도록 부모님께서 최선을 다할 테니 믿어달라는 말도 꼭 해주세요. 반복적인 부모의 메시지는 아이가 위기에 처했을 때 큰 힘을 발휘합니다.

친구가 세상의 전부라고 생각할 나이에 친한 친구들과 헤어져야 하는 아이의 마음을 헤아려주시고, 불안에 대한 근본적인 원인을 한번 자각시켜주는 것만으로도 아이들에게는 큰 도움이 될 것입니다.

이사와 더불어 생기는 긍정적인 면 부각시켜주세요

이사를 계기로 아이가 좋아하는 활동의 기회를 마련해주시면 좋습니다. 이사 가면 그 동네에 있는 공원에 주말마다 함께 자전거를 타고 산책을 나가기로 약속하거나 집 근처 PC방에서 일요일마다 갈 수 있게 해준다는 식으로 아이에게 이사에 대한 긍정적인 이미지를 각인시켜주시는 것도 도움이 됩니다.

집안에 경제적인 어려움이 생겼어요

가정의 경제적인 어려움은 성장기 아이들의 생활에 큰 영향을 미칩니다. 아이가 모르게 지나갈 수 있는 수준이라면 되도록 모르고 지나가게 하는 것이 좋지만 다니던 학원을 그만두어야 한다거나 이사를 해야 하는 등 급변하는 상황이 있다면 아이도 마음고생을 할 수밖에 없습니다.

아이들은 막상 할 수 있는 일이 없으면서도 크게 걱정하고 괴로워합니다. 그 나이 때는 아버지의 실직이나 파산, 경제적 곤란이 친구들에게 알려지는 것에 대한 부담도 크지요. 부모님으로서도 힘든 시간이 되겠지만 아이들도 나름 힘들다는 것을 이해하시고 가족 간의 결속이 흔들리지 않도록 세심하게 신경을 쓰는 지혜로운 대처가 필요합니다.

가족 모두 자기 자리에서 최선을 다하는 것이 답

이런 문제가 생겼을 때 아이들이 할 수 있는 일이란 무엇일까요? 답은 의외로 간단합니다. '각자 자기 자리에서 할 수 있는 일을 하라'는 것이지요.

이런 상황에 아빠는 가장으로서의 역할에 최선을 다하려 할 것이고 어떻게든 가족이 다시 안정적인 생활을 할 수 있도록 상황을 개선시키기 위해 노력을 하시겠지요. 엄마도 같이 생활전선에 뛰어들거나 가족이 불안해하지 않도록 정신적인 지주 역할을 하려고 노력을 하실 거고요.

일단 어른들이 모두 자기 자리에서 최선을 다하고 있다는 것, 그걸 아이에게 알려주셔야 합니다. 그리고 어른들을 믿어달라는 말도 꼭 해주세요. 그래야 업친 데 덮친 격으로 상황이 악화되는 것을 예방할 수 있습니다. 자신을 위해 부모님이 최선을 다하고 있다는 사실만 알아도 아이들이 자신의 자리에서 흔들리지 않고 학업에 열중할 수 있답니다.

가족이라 하더라도 말을 하지 않으면 알 수가 없습니다. 먹이고 입히고 순간순간 자녀를 위해 최선을 다해 살아가는 부모님들의 애타는 마음도, 얼마나 힘든지도 말하지 않으면 절대 아이들이 알 수 없지요. 그럼에도 불구하고 나는 너를 위해 최선을 다할 거니까 믿어달라고, 그런 대화만 나눌 수 있다면 아이들은 경제적인 어려움 때문에 방황하거나 일탈하는 일이 많이 줄어들 것입니다.

돈 문제 이외의 상처가 생기지 않도록 배려해주세요

철이 든 아이들은 방학 때를 이용해 용돈벌이를 하거나 부모님을 조금이라도 돕기 위해 노력합니다. 그런 아이들을 나무라거나 보탬이 되고 싶은 고마운 마음을 단칼에 잘라버리지 마세요. 속상한 마음에 '누가 너한테 돈을 벌어오라고 했냐, 공부나 해라'고 혼을 내는 것은 부모님과 자녀 모두에게 상처가 될 뿐입니다.

학업에 방해되지 않는 선에서 부모님이 넉넉하게 줄 수 없는 용돈을 버는 정도의 아르바이트는 허락해주시고 그런 아이에게 진심으로 고마움을 표현해주세요. 그것이 가족이라는 이름의 믿음을 더욱 단단히 하고, 그 어떤 어려움도 함께 헤쳐 나갈 수 있는 힘이 되어줄 것입니다.

> **함께 하는 야외활동을 늘려주세요**
>
> 마음이 힘들 때 집안에만 틀어박혀 있으면 더욱 우울해집니다. 주말에라도 잠깐 짬을 내서 가족이 함께 산책을 하거나 등산을 해보는 것을 권해드립니다. 이런 야외활동은 비용도 거의 들지 않고 활력을 더해주기 때문에 어려움을 이겨낼 수 있는 마음의 힘을 기르는 데 도움이 됩니다.

갑자기 성적이 떨어졌어요

학교에 다니는 아이들의 변화를 가장 쉽게 감지할 수 있는 것이 성적 변화입니다. 성적이 떨어진 이유는 누구보다 본인이 가장 잘 알고 있을 것입니다. 갑자기 성적이 이유 없이 떨어졌다는 건 사실 말이 안 되는 이야기니까요. 성적이 떨어졌다면 분명 그 만한 이유가 있다고 봐야 하겠지요.

그래서 스스로 그 상황을 잘 살펴보는 자세가 필요합니다. 공부를 평소처럼 열심히 했는데도 성적이 떨어진 것인지, 아니면 어떤 이유로 인해 공부를 평소보다 덜해서 떨어진 것인지, 혹은 특이한 증상이나 병과 같이 공부를 방해할 만한 요소가 생겨서 그런 것인지 분명하게 인지하고 그에 따른 대책을 세워야 효과를 거둘 수 있습니다.

공부를 많이 했는데도 성적이 떨어졌다면
SOLUTION　학습 방법의 오류를 분석하고 대책을 세우세요

오랜 시간 책상 앞에 앉아 있다고 해서 공부를 잘하는 건 아니라는 사실은 누구나 인정할 것입니다. 공부를 열심히 하는데도 성적이 자꾸 떨어진다면 어떤 점이 부족한지를 세심하게 체크해 보는 일이 선행되어야 합니다. 이럴 때는 상담이나 치료보다는 과외나 학원이 더 좋은 솔루션이 될 수도 있습니다. 특정 과목이 유독 부족했을 수도 있고, 공부 방법의 변화가 필요할 수도 있기 때문이지요.

공부에 투자하는 시간 대비 효율이 낮다면 더 좋은 방법이 있는지 찾아보아야 합니다. 아이의 공부법에 어떤 문제가 있는지 확인하고 그 해법을 알려줄 수 있는 전문가의 조언이 필요합니다.

공부를 예전만큼 안 해서 성적이 떨어졌다면
SOLUTION　하고 싶은 다른 일이 있는지 알아보세요

아이에게 진지하게 물어보세요. 공부가 하기 싫어서 안 한 것인지 다른 이유가 있는지 알아야 도울 수 있으니까요. 만약 공부를 하기 싫어서 안 했다면 그 이유가 있을 것입니다. 하지만 아이들이 그 이유를 솔직하게 말하는 것은 쉬운 일이 아닙니다. 부모님의 기대를 저버리거나 실망시키는 것이 두렵기 때문입니다. 이렇게 되면 부모님은 더욱 애가 타고 혼란에 빠지게 됩니다.

혹시 아이가 공부가 아닌 예체능이나 다른 분야에 관심을 두고 있는

것은 아닌지 먼저 물어보시는 것도 좋습니다. 똑똑한 아이들은 자신이 하고 싶은 일에 집중하기 위해서 공부를 의도적으로 포기하는 경우도 있기 때문입니다. 이 과정에서 부모와의 대화나 신뢰가 부족하다면 부모는 아이의 정서적 변화를 전혀 이해할 수 없어 반항으로만 느끼기 쉽습니다.

만약 성적이 떨어진 것에 대해 아이가 전혀 동요하지 않는다면 다른 무언가, 하고 싶은 것이 따로 있다고 볼 수 있습니다. 그게 무엇인지, 어떻게 할 계획인지 자세히 물어보고 할 수 있는 한 응원하고 지원해 주시는 게 아이의 미래를 위해 현명한 방법입니다. 반면 성적이 떨어졌다는 사실에 너무 힘들어한다면 뭔가 학업을 방해한 다른 이유가 있는 것으로 볼 수 있습니다.

신체적, 심리적인 이유로 공부를 못했다면
SOLUTION 오랫동안 누적된 스트레스 원인을 찾으세요

저도 고등학교 때 공황장애와 비슷한 증상이 나타나서 시험을 완전히 망쳐버린 적이 있습니다. 그냥 갑자기 정신이 멍해지고 숨이 막히면서 아무것도 할 수 없을 것 같은 공포심이 드는 순간이었지요. 그 뒤에 아버지가 저를 뒷동산에 데려가서 "야호!" 하고 크게 외치게 하셨는데, 그게 아버지 나름의 처방이고 치료였던 셈입니다. 그러나 큰 효과를 보지는 못했습니다.

이런 경우에는 치료를 받는 것이 답입니다. 우울증상이 심하거나 공황장애가 있거나 불안증상이 있을 때는 치료를 통해 그 증상을 해결하

는 게 가장 빠르고 확실합니다. 시간이 지나면 자연히 나아지겠지, 그냥 잠깐 그러는 것이겠지 하면서 방치하면 점점 증상은 더 심해지고 아이는 힘들어질 뿐입니다.

이런 증상은 단기간에 쉽게 발현되지 않습니다. 아이를 힘들게 하는 원인이 아주 오랜 기간에 걸쳐 아이에게 큰 스트레스로 작용했기 때문에 나타난 것으로 보아야 합니다. 그동안 아이 스스로 잘 느끼지 못했을 수도 있고 그냥 견디며 지냈을 수도 있지요. 하지만 언젠가는 한계에 부딪히게 되고 그때 정신적인 증상들이 한꺼번에 나타납니다.

감정을 조율하는 자율신경계에 이상이 오면 마음만 이상해지는 것이 아닙니다. 손에 심하게 땀이 나는 다한증이나 시험만 보려고 하면 갑자기 극심한 두통, 복통에 시달리며 시험을 망치게 되는 등 여러 가지 신체적 증상이 함께 나타나게 됩니다.

그 증상이 매우 다양하기 때문에 이런 마음의 병들에 대해 평소 부모님이 잘 알고 있어야 적절하게 대처할 수 있습니다. 그래야 아이에게 나타나는 증상을 보고도 단순히 꾀병이라고 생각해서 방치하거나 병을 키우는 일이 없을 테니까요. 이런 심리적, 신체적 증상들이 어떻게 나타나는지, 원인이 무엇인지 1장에 잘 설명해두었으니 다시 한 번 꼼꼼히 확인해보시기 바랍니다.

친구들에게 괴롭힘을 당하고 있어요

학교폭력이나 따돌림은 대단히 복잡하고도 심각한 일입니다. 가능하다면 아이가 그런 일을 겪지 않고 학창시절을 잘 보내는 것이 가장 좋지요. 그런데 안타깝게도 우리 주변에서는 이런 문제들이 제법 자주 일어납니다.

이런 문제는 시간이 간다고 해서 저절로 해결되지 않습니다. 청소년기 아이들은 자신을 스스로 통제할 수 있는 힘이 약하고, 폭력은 일단 시작되면 점점 더 강도가 심해지기 때문입니다. 게다가 무리를 짓고 서열을 만들어 움직이려는 성향이 있기 때문에 이런 상황이 길어지면 아이의 마음에 트라우마가 생겨 장기적인 상흔을 남기게 됩니다. 아이에게 그냥 참으라고 하거나, 아이의 원만하지 못한 성격을 나무라거나, 부모님께서 지레 심각한 태도를 보이는 것은 좋지 않습니다.

부모가 적극적으로 개입해서 해법 찾아주세요

친구들에게 괴롭힘을 당하면 아이가 혼자 할 수 있는 일이 별로 없습니다. 아이들도 처음엔 어떻게든 혼자 해결해 보려고 합니다. 참고 견디면서 가급적이면 부모님에게 알리지 않고 혼자서 감당하려고 하지요. 부모님께 걱정을 끼칠까 걱정스럽기도 하고 그런 일을 당하고 있는 자신이 왠지 바보스럽게 여겨지기도 해서 창피해하는 것이지요.

하지만 괴롭힘을 당하는 것은 창피한 일이 아닙니다. 문제는 친구를 괴롭히는 아이에게 있는 것이지 우리 아이가 바보스러워서 그런 일이 발생하는 것은 절대 아닙니다. 부모님들께서도 이 부분을 명확하게 인지하시고 보다 적극적인 태도로 문제 해결에 개입하시는 것이 좋습니다. 요즘은 학교도 사회 못지않게 험한 환경이기 때문에 우리 아이는 내가 지킨다는 생각으로 항상 아이를 면밀히 관찰하며 그런 기미가 보이지 않는지 보살펴주셔야 합니다.

문제를 표면화하고 아이 편이 되어주세요

아이들이 할 수 있는 일은 딱 하나밖에 없습니다. 혼자 고민하지 말고, 시간 끌지 말고, 무조건 부모님에게 바로 도움을 요청해야 합니다. 대부분의 괴롭힘이나 따돌림은 시간이 지날수록 더 심각해지는 경향이 있기 때문입니다.

이런 문제는 초반에 어른들이 나서서 끊어줘야 합니다. 그 이후에 생기는 뒤탈이 걱정되실 수도 있을 겁니다. 일단 표면화하고 문제 삼으면 어떻게든 결말을 내야 하기 때문에 번거로운 것도 사실이지요. 하지만 아이가 겪고 있는 마음의 고통을 생각한다면 가만 있어서는 안 되겠지요.

아이들 입장에서는 '선생님이나 부모님께 일러바쳤다고 친구들이 나를 더 싫어하면 어떡하지? 더 따돌리면 어떡하지?' 하는 걱정을 할 수 있습니다. 부모님 입장에서도 이런 일을 표면화해서 행여나 우리 아이에게 피해가 돌아오지 않을까 염려하실 수도 있습니다. 하지만 그런 이유 때문에 현재진행형인 아이의 고통을 모른 척할 부모는 아무도 없을 것입니다. 이후의 일은 이후의 일대로 고민하고 방향을 잡아 가는 것이 맞습니다.

학년 올라가면 달라질 테니 참아보라고, 시끄럽게 만들어서 좋은 일 없으니 그냥 조용히 넘어가자고 말해서는 절대 안 됩니다. 아이가 의지할 수 있는 사람은 부모님밖에 없습니다. 어떤 상황에서도 부모님이 항상 자기편에서 자신을 보호하고 변호하고 감싸줄 것이라는 믿음을 갖게 해주어야 문제를 이겨낼 수 있습니다.

아이가 마음 열어놓을 수 있는 관계 만들기

평소 아이들에게는 혹시라도 그런 일이 있으면 반드시 바로바로 부모님께 얘기하도록 지도해주시는 것이 좋습니다. 그리고 차후에 걱정할 만한 일들이 생긴다 하더라도 가족이 함께 고민하면 적어도 지금보다는 나은 상황이 올 것이라는 믿음을 심어주세요. 언제나 내 편이라고 생각되는 든든한 지원군이 있는 아이는 힘든 상황을 홀로 견디기보다는 함께 의논하고 어려움을 나누는 힘을 갖게 됩니다.

이때 중요한 것은 평소 부모님의 태도입니다. 항상 아이를 지지하고 있으며 아이가 문제를 겪게 되면 절대 물러서지 않고 함께 맞설 것이라는 인식을 심어주세요. 어떤 이유에서건 폭력은 정당화될 수 없습니다. 아직 나이가 어려서 판단력이 부족해서 그런 것이라거나 아이들 싸움에 어른들이 개입하면 오히려 일을 망칠 수 있다고 생각하는 분들도 계십니다.

하지만 아이들은 열 살만 넘어도 해서는 안 되는 일과 해도 되는 일을 구별할 수 있고, 친구관계에서 지켜야 할 예절과 도덕도 충분히 알고 있습니다. 청소년 폭력도 분명히 폭력이라는 점을 분명히 하고 현명하게 대응하시기 바랍니다.

가족 중에 아픈 사람이 있어요

환경에는 두 가지가 있습니다. 하나는 내가 바꿀 수 있는 환경, 하나는 내가 어떻게 할 수 없는 환경이지요. 예를 들어 부모님은 내가 선택할 수가 없습니다. 맘에 들지 않는다고 바꿀 수도 없습니다. 이 두 가지는 매우 명확합니다. 구분해내라고 하면 금세 누구든지 구분해낼 수 있을 만큼 누구나 이 두 가지 상황이 차이를 알고 있습니다.

바꿀 수 없는 일은 의연하게 받아들이기

우리는 자꾸만 내가 바꿀 수 없는 상황에 대해서 힘들어하고 고민하고 해결을 하려고 하는 경향이 있습니다. 아이들이나 부모님이나 마찬가지지요. 어차피 '내가 바꿀 수 없는 환경'인데, 그것 때문에 힘들어하고 고민하면서 시간을 허비할 필요가 있을까요? 내 힘으로, 내 노력으로 바꿀 수 있는 것이라면 고민하고 노력하는 만큼 성과를 거둘 수 있겠지만 그 반대의 경우라면 거기에 쏟아 부은 고민과 노력은 시간 낭비, 에너지 낭비일 뿐입니다. 내 힘으로 바꿀 수 없는 환경 문제라면 그것을 바꾸고자 하는 의지가 아니라 있는 그대로 받아들이는 유연함이 필요합니다.

가족 중에 아픈 사람이 있는 경우도 마찬가지입니다. 가족 중에 아픈 사람이 있으면 모든 가족이 점점 피폐해지고 힘들어지는 것이 현실입니다. 특히 부모님이 아픈 경우 아이들의 고통은 매우 클 수밖에 없습니다. 의지하고 기대야 할 대상이 약하다 보니 아직 보살핌이 필요한 아이들이 기댈 곳이 없는 것입니다.

그러다보면 왜 나한테만 이런 일이 일어났을까, 억울하고 괴로운 감정이 들게 됩니다. 하지만 왜 나한테, 왜 나의 가족에게 이런 일이 일어났는지는 고민하고 괴로워하는 것은 전혀 도움이 안 됩니다. 누군가에게 일어날 수 있는 일은 언제든지 나에게도 일어날 수 있기 때문입니다.

건강한 아이에게도 보살핌과 도움은 필요해요

아이들의 경우, 부모님이나 형제자매가 오랫동안 병상에 누워 있으면 마음이 어두워지고 때로는 자포자기 심정으로 탈선을 하는 경우도 많습니다. 식구들의 관심이 자연히 아픈 사람에게 가 있기 때문에 이런 아이들을 보살필 여력도 없는 것이지요.

하지만 아이는 아직 어립니다. 아무리 의젓하다 해도 아직은 가족의 도움과 보살핌이 필요합니다. 가족의 관심을 충분히 받지 못하는 것만으로도 괴롭고 억울하고 힘든데 자꾸 참으라고, 너는 건강하니까 네가 양보하라고 하면 아이는 정말로 외로워지고 맙니다.

물론 부모님의 입장도 십분 이해할 수 있습니다. 가족이니까 함께 가야 하지요. 그리고 아이를 살피기 전에 부모님 자신은 몇 배나 더 힘이 들기 때문에 아이가 이해를 해줬으면 하는 마음도 있을 수 있습니다. 하지만 아이가 이 상황을 잘 이겨낼 수 있도록, 이런 환경에서도 흔들리거나 자포자기하지 않고 건강함을 유지하며 성인이 될 수 있도록 다독여주는 것도 결국은 부모가 감당해야 할 몫입니다.

괴로움도 시간이 지나면 힘이 됩니다

이런 문제가 있을 때는 아이와 솔직하게 얘기를 나누며 괴롭고 힘든 게 당연하다고, 엄마 아빠도 충분히 알고 있다고 말해주세요. 하지만 인력으로 바꿀 수 없는 상황에 대해서는 담담하게 받아들이는 것이 현명한 일이라는 것을 가르쳐주세요. 그리고 그 안에서 내가 나를 위해 할 수 있는 것들을 놓치지 말고 포기하지 말고 꼭 해내가라는 말도 함께 해주세요.

현실에만 발을 묶어두고 자포자기하지 말라고, 몇 년이 흐르고 난 뒤의 자신의 모습을 상상해보게 하면 지금의 시간을 어떻게 보내야 할지 어느 정도 답을 찾게 될 것입니다. 어려운 시기가 지나고 나면 아이는 자신도 모르는 사이에 많은 것이 달라져 있을 것이고 그 과정에서 자신이 성장했다는 것을 느끼게 될 것입니다.

인력으로 어찌할 수 없는 신의 영역은 그저 덤덤히 받아들이고 참고 인내하는 수밖에 없습니다. 그걸 잘 받아들이고 그 과정 속에서 깨닫고 얻어지는 무언가가 쌓이면 훗날 더 험한 인생을 살아가는 데 필요한 밑거름이 될 것입니다.

가정불화 때문에 고통스러워해요

세상에는 세 가지 일이 있습니다. 나의 일, 남의 일, 신의 일이 그것이지요. 간단하게 설명하자면, 내가 할 수 있는 일, 다른 사람이 해야 할 일, 그리고 누구도 변화시킬 수 없는 일입니다.

가정불화의 경우, 아이들로선 남의 일이라고 할 수 있습니다. 아이 때문에 발생한 일이 아니니 아이가 어떻게 할 수 없는 일이지요. 그런데 많은 아이들이 부모의 불화나 이혼에 대해 죄책감을 갖습니다. 무의식적으로 자신이 잘못해서, 아니면 자신이 나쁜 아이라서 이런 일을 겪는다고 생각하게 되는 것이지요.

부모의 불화나 이혼이 아이를 힘들게 하는 이유의 상당 부분을 이런 죄책감이 차지하고 있다는 점을 인지하시고 아이에게 왜곡된 자아가 생기지 않도록 보살펴주셔야 합니다.

죄책감이나 피해의식 생기지 않게 보살펴주세요

가장 먼저 해야 할 일은 가정불화가 절대 아이 때문이 아니라는 사실을 분명하게, 반복적으로 얘기해주는 것입니다. 그것은 부모님의 일이고, 그 일을 해결할 수 있는 것도 오직 당사자인 부모님뿐이라는 사실을 얘기해주어야 합니다. 어른들이 어떤 이유로 싸우든, 그걸 멈추게 할 수 있는 건 신과 오직 부모 자신뿐입니다.

이런 위기상황에서 우리는 각자 자신이 할 수 있는 일을 해야 합니다. 부모는 부모대로 가족에게 돌아가는 폐해가 최소화되도록 노력해야 하고, 아이들은 아이들대로 죄책감이나 피해의식에서 벗어나 학업에 전념해야 합니다. 가정불화로 인해 집중력이 흐트러지고 우울한 기분이 드는 것은 어쩔 수 없는 일이지만 그렇다고 해서 모든 것을 놓아버리거나 자포자기하는 일이 생기지 않도록 각별히 신경을 써주시기 바랍니다. 부모의 불화가 장기적으로 아이의 인생에 불이익을 남기는 일은 없어야 하니까요.

그리고 아이가 보는 앞에서 싸우는 것만은 반드시 피해주세요. 어른들도 힘들고 감정적이 되면 그게 쉽지 않은 일이지요. 특히 부부처럼 가까운 사이에는 서로 너무 잘 알고 있기 때문에 상처를 내기도 그만큼 쉽습니다. 하지만 배우자를 향한 화살이 자칫 방향을 잘못 잡아 아이를 다치게 할 수도 있다는 것을 기억하시고 아이가 집에 있는 시간에는 되도록 언성을 높이는 일이 없도록 해주세요. 아이들이 받는 상처는 어른들이 생각하는 것보다 훨씬 크고 깊습니다.

아이에게 독립심을 심어주세요

언젠가는 자녀가 독립을 하게 될 것입니다. 부모님도 자녀의 독립을 준비해야 하지만, 자녀 스스로도 자신이 결국은 부모님의 그늘을 떠나 스스로 독립해야 한다는 사실을 알고 있어야 합니다. 그러려면 어릴 때부터 그런 이야기를 자주 들려주시는 것이 좋습니다. 언젠가는 부모님 곁을 떠나 혼자 힘으로 살아나가야 한다는 생각을 어렴풋이 가지고 있는 아이는 자연히 독립심을 키우게 됩니다.

부모로서의 역할에 최선을 다 하되, 아이가 부모님 것은 모두 내 것이고 부모님은 나를 위해 존재한다고 생각하게 해선 안 됩니다. 그렇게 끝없이 베푸는 것이 사랑이라고 생각할 수도 있지만 그런 생각은 아이에게 의존적인 성향을 심어줄 수 있습니다. 의존적인 아이들은 부모님의 불화가 심해졌을 때 더욱 크게 무너집니다.

부모도 부족한 사람이고 한 사람의 남자이며 여자일 뿐이라는 사실을 아이들에게 얘기해주세요. 당장은 못 알아들어도 상관없습니다. 부모의 뉘앙스를 느끼고 진지함을 느끼는 것만으로도 아이들은 감을 잡게 됩니다. 그리고 자신만의 인생을, 미래를 준비할 수 있게 됩니다.

*일러두기

사례에 등장하는 아이들의 이름은 실명이 아닙니다. 독자 여러분께서 읽기 편하도록 가명을 사용한 것임을 밝혀둡니다. 또한 보다 풍부한 정보를 담기 위해 사례 중 일부는 다른 유관 사례와 복합 구성했습니다. 이 점 참고하시기 바랍니다.

Part 4

마음의 힘을
되찾은 아이들

과열된 심장에는 휴식을,
허약한 심장에는 충전을

이렇게 아픈데 원인은 단지 신경성?

"아이는 아파서 학교도 못 가는데 병원에서는 '정상'이라고 합니다. 답답한 노릇입니다. 꾀병도 아니고…… 도무지 어떻게 해야 할지 모르겠어요. 게다가 수능을 앞두고 한창 공부해야 할 때 이렇게 시간을 흘려보내고 있으니 걱정이 이만저만이 아니에요."

한의원을 찾은 대부분의 부모님이 이렇게 말합니다.

원인을 알 수 없는 통증의 경우, 원인은 대부분 마음에 있습니다. 하지만 신경정신과 질환과 신체적으로 나타나는 증상들에 대한 인식이 부족하다보니 환자는 답답한 마음에 여러 병원을 전전하면서 시간과 비용을 버리게 되지요. 결국 지속적이고 참기 힘든 통증에 일상까지 망가지고 맙니다.

  몸이 아프니 병원부터 찾아서 이런저런 검사를 받아보지만 의사는 아무 이상이 없다고만 하고, 돌아오는 건 하나같이 '신경성이다', '스트레스성이다'라는 말뿐입니다. 이때는 신경정신과 질환을 의심해봐야 합니다. 실제로 우울증, 강박증 등 마음의 병을 오랫동안 앓아온 환자들은 원인 없는 복통, 두통, 무기력함 등의 신체증상을 수반하는 경우가 많습니다.

  여기서 우리가 반드시 기억해야 할 것은, 신체조직을 조율하고 주관하는 자율신경계에 이상이 있는 경우에도 이런 통증이 나타날 수 있다는 사실입니다.

자율신경계의 이상으로 나타나는 신체증상

  모든 신체 조직은 교감신경과 부교감신경으로 나누어진 자율신경계의 영향을 받습니다. 교감신경은 위급한 상황에서 활성화되어 심장박동을 촉진하고 근육의 긴장을 유발합니다. 반대로 부교감신경이 활성화되면 심장박동이 느려지고 근육이 이완되며 소화기의 연동운동이 촉진됩니다. 그러니 스트레스로 인해 자율신경계에 이상이 생기면 신체증상이 나타나는 것은 당연한 일입니다. 이런 증상은 환자의 체질이나 건강 상태에 따라 취약한 부분에 더 쉽게 나타납니다.

  일반적으로 우울증, 강박증, 공황장애 등과 같은 증상이 뇌의 문제라고 생각하기 쉬운데, 이 모든 것은 우리의 감정을 주관하는 자율신경과 밀접한 연관이 있는 심장에서부터 출발합니다. 우리 몸의 군주이자 엔진의 역할을 하는 심장이 스트레스나 과로로 인해 과열되거나 약해지면 몸과 마음에는 이상이 생길 수밖에 없는 것이죠.

심장이 과열되거나 허약하면 뇌신경으로는 '감정의 이상신호'가 나타나고 폐와 장을 비롯한 모든 장기로는 '통증의 이상신호'가 나타나게 됩니다. 즉, 외부의 극심한 스트레스로 인해 교감신경이 심장을 과열시키면, 이것이 심적으로는 강박증, 공황장애, 화병과 같은 증상으로 나타나고 심장의 에너지 전달 능력에 문제가 생겨서 신체적으로는 이유 없는 두통과 복통이 수반되는 것입니다.

심장을 다스려야 자율신경계도 안정 되찾아

한의학에서는 심장을 단순히 혈액을 내보내고 받는 역할을 하는 장기가 아니라 사고와 마음을 주관하는 장기로 봅니다. 『동의보감』 역시 심장은 감정, 정서, 기억과 같은 정신활동을 주관하는 역할을 하는 장기로서 몸의 군주가 되어 기쁨, 성냄, 슬픔, 생각, 불안, 공포 등의 정서를 조절한다고 적고 있습니다. 그러니 심장의 기능이 떨어지면 과도한 불안을 느끼거나 이성적인 판단이 힘들어지고 대인관계, 사회적 기능이 떨어져 심리적인 불안이 더욱 높아지는 것입니다.

심장의 기능에 이상이 생기면 사소한 스트레스에도 크게 걱정하며 기운이 울체되어 불안이 심해지고, 초조하며 마음이 편치 않게 되면서 각종 신경성 질환으로 고생하고 일상생활에도 지장을 초래합니다. 그러니 자율신경계를 안정화시키기 위해서는 심장을 다스리는 것이 치료의 근본이라고 할 수 있습니다. 과열된 심장에는 휴식을 주고 허약한 심장에는 새로운 에너지를 충전해주어야 하는 것이지요.

　마음의 병이 곧 육체의 병으로 나타나며 육체의 질병은 결국 마음에서 출발합니다. 이것은 같은 질병을 가진 사람이 여럿 있더라도 개인에 따라 혹은 그들이 처한 상황에 따라 치료가 달라질 수 있다는 것을 의미하며, 또한 전혀 다른 증상과 질병을 호소하는 사람들이 있더라도 상황에 따라 같은 치료를 행할 수 있다는 이야기이기도 합니다.

　한방 진료실에서는 맥진, 설진, 복진, 문진 등을 통해 심장의 상태를 종합적으로 진단하고 자율신경 균형 검사, 스트레스 검사, 체열진단 검사 등 객관적 척도를 반영하여 환자에게 적절한 처방을 내리게 됩니다. 10대 환자들의 경우, 공감대 형성과 감정적 지지도 중요한 역할을 합니다. 이렇게 하여 흐트러진 기(氣)의 불균형을 조정하여 심장의 상태를 바르게 조율함으로써 자율신경의 균형을 유지하고 마음의 안정과 감정을 편안히 하는 치료가 이루어지면 몸과 마음의 병은 자연스럽게 사라집니다.

　다행히 아직 성장기에 있는 10대 청소년들은 치료 효과가 좋은 편입니다. 또한 어른들이 생각하는 것보다 강한 마음의 힘을 갖고 있어서 자기를 이겨내고 자신의 꿈을 향해 나아가려는 의지를 갖고 있습니다. 부모의 믿음과 가족의 격려만 있다면 어떤 어려움도 이겨낼 수 있습니다. 단순히 성적이 떨어졌다는 결과에만 집중하지 말고 아이의 속마음을 들여다보세요. 그 결과를 통해 아이가 호소하고 있는 고통의 원인을 제거해주는 것이 어른들의 역할입니다.

청소년 화병
만만한 부모에게 모든 화를 쏟아 부어요

중학교 졸업을 앞두고 있던 준석이(16세)는 평범하고 착해 보이는 학생이었습니다. 진료실에서도 얘기가 곧잘 통하는 편이었죠. 초등학교 때 준석이는 별명이 '태릉인'이었을 만큼 거의 모든 운동에 재능을 보였다고 합니다. 그런데 중학교에 가서는 운동도 시들해졌습니다. 그렇다고 해서 공부가 재미있는 것도 아니었죠. 1, 2학년 때는 겨우 출석만 하는 수준이었습니다. 그렇게 어영부영 시간을 보내고 3학년을 맞게 되었습니다. 이때부터 준석이는 여기저기 아프다는 핑계로 학교를 빠지기 시작했습니다.

하지만 이 정도라면 병원을 찾을 만한 일은 아니죠. 마음잡고 공부를 해본 적도 없고, 공부에 흥미를 느끼지도 못하는 아이가 학교를 재미없어하는 것은 당연한 일이니까요. 중3 때부터 대학 진학에 대한 부담을 느끼는 것이 우리 아이들의 현실이고 보면 준석이가 마음을 잡고 학교생활에 충실하게 이끄는 것은 그리 어렵지 않으리라 여겼습니다. 아직은 3년이라는 시간이 남아 있고, 고등학교에 가서 새로운 각오로 하나씩 해나가면 졸업은 물론이고 어쩌면 대학 진학도 가능할 수 있다고 격려해가며 치료를 진행했습니다.

 준석이는 한 달 만에 큰 진척을 보였습니다. 무기력하던 태도나 우울한 기분도 많이 좋아졌고 이유 없이 아프던 곳들도 조금씩 괜찮아지는 듯했습니다. 이만하면 고등학교에 가서도 잘 적응할 것이란 생각이 들었습니다. 그런데 개학 후 얼마 되지 않아 준석이 어머니에게서 전화가 왔습니다. 준석이의 상태가 갑자기 심해졌다는 겁니다.

 방학 내내 신학기 시뮬레이션을 했지만 일상의 충격은 감당할 수 없을 만큼 컸던 모양입니다. 고등학교에서 만난 친구들이 훨씬 더 전투적으로, 더 열정적으로 공부에 매진하는 모습을 보고 충격을 받았던 것입니다. 자신은 아무리 노력해도 친구들을 따라잡을 자신도, 가능성도 없다는 생각이 들자 더 무거운 무기력과 좌절감이 몰려왔던 것이지요.

 그런데 이번에는 전보다 더 큰 문제가 있었습니다. 밖에서는 얌전하던 아이가 집에만 가면 성난 황소처럼 화를 낸다는 것입니다. 아버지가 잔소리를 한마디 꺼내기라도 하면 소리를 지르며 물건을 집어던지고, 어머니에게 매일 화내고 짜증내는 것은 일상다반사일뿐더러, 때로는 입에 담지 못할 욕을 하기도 한다고 하더군요.

 게다가 증상은 갑자기 생긴 것이 아니었습니다. 가족 모두 입을 다

물고 있었을 뿐 준석이의 폭발은 중학교 때부터 있어 왔다고 했습니다. 밖에서는 너무나 착하고 평범한 아이가 집에만 들어오면 돌변하여 화를 폭발시켰던 것이죠. 준석이 어머니는 너무나 힘들고 지친다고, 이러다가는 어머니 자신도 병이 생길 것 같다며 도움을 청했습니다.

공부에 흥미가 없고, 그래서 무기력한 것이라고 생각했는데……. 진실을 알게 된 뒤 저는 치료의 방향을 수정하기로 했습니다. 원점으로 돌아가 아이를 바라보니 여러 가지 증상과 검사결과들이 하나씩 이해되기 시작했습니다. 준석이는 '청소년 화병'이었던 것입니다. 밖에서는 착하고 평범한 모습만 보이다가 집에만 오면 쌓였던 화를 부모님한테 풀고 있었던 것이지요. 누구에게도 말 못하고 가슴속에 쌓인 울화와 억울함, 분노가 스스로도 제어할 수 없을 만큼 커져버린 듯했습니다.

우선은 그 뜨거운 불을 진압하는 것이 급선무였습니다. 과열된 심장을 가라앉히는 처방으로 급히 변경했습니다. 가슴속에서 지글지글 끓고 있는 뜨거운 화를 어떻게든 가라앉혀야만 그 다음 치료를 진행할 수 있는 토대가 마련되기 때문입니다. 처음 내원했을 때는 무기력과 집중력 부족이 문제라고 생각을 했습니다. 그래서 우울, 무기력한 마음을 없애는 처방에 총명탕을 더해서 공부에 집중할 수 있도록 하는 데 주력했지요. 그런데 나중에야 준석이의 행동이 안팎에서 어떻게 다른지 알게 되었고 늦게나마 '화병'으로 치료의 방향을 전환한 것입니다.

처음 내원했을 때부터 준석이는 얼굴에 여드름이 많았습니다. 눈도 충혈이 되고, 마음이 괴롭고 예민하니 살은 자꾸 빠지고, 마른 장작처럼 열은 자꾸 나고……. 한약을 먹지 않겠다고 반항하는 아이에게는 여드름을 고쳐주겠다고 제안을 했습니다. 외모에 관심을 많을 나이니, 여드름약이라는 생각에 복용을 게을리하지 않고 다행히 잘 먹고 있는 눈치였습니다. 화가 내려앉으니 여드름도 자연히 사라졌습니다.

보름 후, 다시 병원을 찾은 어머니의 얼굴이 상당히 밝아보였습니다. 무슨 약을 썼기에 아이가 이렇게 갑자기 순해졌냐며 상기된 얼굴로 물으시더군요. 사실 아이 스스로는 자신이 순해졌다는 걸 잘 느끼지 못합니다. 특별히 더 착하게 굴려고 노력한 것도 아닌데 마음속의 뜨거운 불이 진압되니, 자연히 화의 크기가 줄어드는 것이죠. 하지만 아이가 똑같이 화를 내도 받아들이는 가족은 느낄 수 있습니다. 그 불길이 확실히 약해졌다는 것을요.

청소년기 환자들의 화병은 치료가 크게 어렵지 않습니다. 불 끄는 약을 썼을 때 효과가 성인에 비해 훨씬 빠르게 나타납니다. 쉽게 과열되는 만큼 진압도 쉽게 되는 것이죠. 젊고 건강하기 때문에 약기운이 잘 받는 것도 차이 중 하나일 겁니다.

준석이에게는 학교 자체가 곤욕이었습니다. 공부 잘하는 아이들 들러리나 서야 하는 생각에 마음이 괴로웠습니다. 이런 아이들에게는 총명탕보다는 마음의 안정과 청소년기를 잘 보낼 수 있는 방향을 제시하는 것이 중요합니다. 가슴속에 쌓인 화를 가라앉히고, 새로운 관심사를 찾게 해서 성취감과 존재감을 느낄 수 있게 해주어야 합니다.

준석이는 드럼을 배우기 시작했습니다. 2학년 때는 밴드를 결정하고 싶다는 꿈도 생겼습니다. 그렇게 조금씩 자신의 존재에 대해 긍정적인 이미지를 갖게 되다보면 성적만으로 아이들을 줄 세우는 학교생활에서도 스스로 자기의 존재감을 찾고 인생의 주인공이 될 수 있습니다. 성취감을 느끼고, 존재감을 느끼는 아이들이 엇나가는 일은 거의 없답니다.

시험불안
공부를 잘하는데도 시험만 보면 너무 긴장해요

민주(18세) 한눈에 보기에도 공부를 참 잘하게 생겼다는 생각이 드는 고2 여학생이었습니다. 특별할 것 없이 평범해 보이는 인상에 작고 다부진 몸, 얼굴 곳곳에는 작은 여드름이 나 있었죠.

그런데 민주는 기운이 없고 많이 지쳐 보였습니다. 평소 공부를 잘하는데도 시험을 보려고 하면 너무 떨린다고, 불안해서 준비를 잘 못하겠다고 했습니다. 공부하려고 앉기만 해도 목이 뻣뻣해져서 고개를 들 수가 없고 잠도 잘 오지 않아서 뜬눈으로 밤을 새다보니 수업시간만 되면 몽롱해지는 악순환이 반복되고 있다고요. 이래저래 학업 능률이 오를 수 없는 감정적, 신체적 상태가 반복되고 있었고 본인도 갑자기 이러는 자신을 이해할 수 없다는 눈치였습니다.

불안의 감정은 누구에게나 있을 수 있는 자연스러운 감정입니다. 시험을 앞둔 학생이 불안하지 않은 게 오히려 이상하다고 할 정도죠. 하지만 민주의 증상이나 불안의 정도는 자연스러운 불안의 감정 수준은 아닌 듯했습니다.

민주와 부모님, 각각 따로 면담을 시작했습니다. 민주네가 현재 살고 있는 곳은 대치동 학원가. 우리나라에서 입시경쟁이 가장 치열한 곳이라도 해도 과언이 아닌 곳이었습니다. 민주는 고등학교 1학 때부터 공부를 잘해왔고 노력한 만큼 성과가 나오니 본인도 더 열심히 했다고 합니다. 그런 노력에 화답이라도 하듯 2학년 1학기 기말고사를 무척 잘 보았고요. 공부에 재미를 붙여서 여름방학 내내 쉬지 않고 공부를 했다고 합니다.

그리고 맞이한 2학년 2학기. 중간고사를 준비하던 어느 날, 갑자기 떨리기 시작했다고 합니다. 이제까지 잘해왔고, 방학도 반납한 채 열심히 공부했으니 당연히 2학기 중간고사는 잘 봐야 한다는 부담감이 생기기 시작한 것이지요. '이번 시험은 무조건 잘 봐야 한다, 망치면 끝이다' 하는 생각들이 머릿속을 맴돌기 시작하자 불안은 제어할 수 없이 점점 커지기 시작했고 그로인해 잠도 안 오고 뒷목도 뻣뻣하게 굳는 등 신체적인 증상들이 함께 나타나기 시작한 것이었습니다.

밤낮으로 계속되는 불안, 초조……. 시험이 가까워 올수록 점점 더 공부를 할 수 없었고, 결국 민주는 2학기 중간고사를 망쳐버리고 말았습니다. 그리고 뭔가 잘못되었다는 걸 깨달은 것이죠.

민주 어머니도 세상이 무너진 듯 걱정스러운 표정이었습니다. 이제

껏 너무나 잘 해오던 아이가 갑자기 그러니 이게 무슨 일인가 싶었던 것이죠. 2학년 2학기면 이제 슬슬 성과를 보이면서 대학 문턱을 낮추기 위한 본격적인 준비에 들어가야 할 시기인데, 갑자기 아이에게 뭔가 이상이 생겼다는 사실에 혹여나 아이의 미래를 망치게 되는 건 아닐까, 이제껏 쌓아왔던 노력이 물거품이 되는 건 아닐까 두려워지는 것이 당연했습니다.

하지만 민주는 공부를 너무 많이 한 것이 문제였습니다. 대학공부는 긴 시간 동안 꾸준히 실력을 쌓아야 하는 싸움이기에 그 시간 동안 에너지를 잘 분배해서 쏟는 것도 하나의 능력이라 할 수 있습니다. 그런데 민주는 초반에 너무 많은 에너지를 소모해버린 것입니다. 아직 1년 반이나 더 남았는데 중요한 시점에 에너지가 다 떨어져버린 상황이었습니다.

'잘 되니까, 필 받았으니까, 성적 잘 나오니까, 이럴 때 더 몰아붙여야 해!' '쉬지 말고 더, 더, 더 많이 해놔야 해!' 이런 생각에 욕심을 부리게 되는 부모와 학생이 참 많습니다. 공부는 마라톤과 같습니다. 무엇보다 페이스 조절이 관건이지요.

검사 결과, 민주는 복부가 매우 냉하고, 심장 부위와 얼굴이 매우 뜨거웠으며 맥은 가늘고 약했습니다. 역시나 자율신경검사에서 부교감신경이 훨씬 높게 측정되었습니다. 불안과 걱정의 단계를 지나 더 이상 불안해할 힘도 다 빠져버린 상태였던 것입니다.

지친 몸과 마음을 회복시키고 불안한 마음을 잡아주는 처방을 함께 내렸습니다. 기름도 다 떨어지고 과열된 엔진에 휘발유도 넣어주고, 냉각수도 충전해주고……. 그렇게 인체의 엔진이라 할 수 있는 심장을 회복시키는 처방이 우선시되어야 했으니까요.

그리고 상담을 이어갔습니다.

"민주 너는 마라톤으로 치면 이제 막 반환점을 막 돈 거야. 제일 힘들고 지치는 시점이라고 할 수 있어. 이제까지 달려온 게 아까워서 좋은 결과를 얻고 싶은 마음에 남은 반도 빨리 달리고 싶겠지만 이렇게 달리다가는 목표지점에 도착하기도 전에 쓰러지고 말 거야. 무조건 쉬어야 한다고 말하지 않을게. 다만 네가 원하는 결과를 위해 막판 스퍼트를 올릴 힘은 남겨두어야지."

민주의 욕심을 알기에, 동시에 지치고 포기하고 싶은 마음도 알기에 무조건 쉬라는 얘기보다는 현명하게 시간관리 하는 법을 알려주고 싶었습니다. 아이들은 생각보다 지혜롭고 똑똑해서 아주 작은 길만 열어주어도 그 길을 무한대로 넓히고 자기화하는 능력이 있기 때문이지요.

시험기간에는 최선을 다해 열심히 하되 평소에는 4시간밖에 자지 않던 잠부터 6시간 이상으로 무조건 늘리라고 했습니다. 당장은 공부하는 양이 줄어드는 것처럼 느껴질 수도 있지만 2~3시간을 더 자면 끝까지 완주할 수 있는 힘을 얻을 수 있을 것이라 믿어 의심치 않았기 때문입니다.

어머니에게도 설명이 필요했습니다. 민주가 공부를 날 때부터 저절로 잘한 게 아니라 정말 죽어라 최선을 다해서 이 성적을 유지하고 있는 것이라는 사실을 상기시켜 드릴 필요가 있었습니다. 지금도 최선을 다하고 있는데 더 잘하려다가 부하가 걸려서 아이가 아픈 것이라는 설명을 듣자 어머니는 금세 눈가가 붉어지셨지요. 분초를 아껴가며 공부하라고 채찍질하기보다는 적절히 쉬면서 길게 남은 시간을 잘 나눠서 기획할 수 있도록, 페이스 조절을 잘 할 수 있도록 도와주시라고 설득하는 시간을 가졌습니다.

그렇게 치료를 시작하고 두 달쯤이 지나자 민주의 상태는 눈에 띄게 달라졌습니다. 뻣뻣했던 목도 많이 나아지고 잠도 편히 잘 수 있게 되었지요. 그리고 몇 달 후 기말고사에서는 꽤 괜찮은 성적을 얻었다는 소식도 들려왔습니다. 2학년 1학기 기말고사만큼 좋은 성적은 아니었지만 아직도 민주에겐 절반의 긴 코스가 남아 있기에 충분히 회복할 것이라 믿습니다.

공부에도 리듬이 필요합니다. 휴식과 학업의 비율을 잘 조율할 수 있는 상태로 만들어주는 것, 그것이 시험불안으로 힘들어하는 아이들에게 제가 해줄 수 있는 최선의 결과가 아닌가 싶습니다.

세상에 이상한 병은 없습니다. 다 원인이 있죠. 자동차가 고장 나는 것과 비슷합니다. 성능 이상으로 달렸든 무리를 했든 뭔가 고장이 날 만한 이유가 반드시 있기 마련입니다.

아이들의 시험불안이 때로는 공부하기 싫은 핑계로 작용할 때도 있습니다. 하지만 민주의 케이스는 매우 정직한 불안이었습니다. 100미터 달리기 속도로 마라톤 코스를 달리면 몸과 마음이 지치는 게 당연하듯, 교감신경이 항진되다 못해 무뎌지는 지경에 이르면 이유 없는 통증들이 신체 곳곳에 나타나기도 합니다.

아이들이 잘 충전하고 휴식하는 것도 공부의 일부라고 보아야 합니다. 운전 중에 졸리면 쉼터에 차를 대고 잠깐 눈 좀 붙이고, 밥도 먹고,

휴게소에도 들러야 안전운전을 할 수 있는 것처럼요. 우리 몸은 반드시 아프기 전에 신호를 줍니다. 그 신호를 지혜롭게 알아채고 합리적이고 효과적으로 운영하는 것이 백년이 가까운 시간 동안 우리 몸을 잘 사용하는 지혜일 것입니다.

사춘기 짝사랑
영어시험에서 백지 답안지를 내고 왔어요

시험으로 인한 스트레스가 심해지면 강박이나 불안증으로 이어져 치료를 받아야 하는 상태까지 되는 경우가 많습니다. 루트 기호의 뾰족한 부분에 찔릴까봐 수학문제를 못 푸는 학생부터 둥근 연필은 굴러서 떨어질까 봐 걱정스럽고 각진 연필은 손가락이 불편해서 힘들어 하는 학생, 시험지가 젖을 정도로 손바닥에 땀이 많이 나서 시험을 망치는 학생까지…….

정희(17세)는 공부를 매우 잘해서 과학고에 입학한 여학생이었습니다. 다른 과목은 전부 상위권인 반면 이상하게도 영어만 유독 성적이 나오지 않아 정희 자신도, 부모님도 걱정이 많은 상황이었습니다. 이런 저런 이야기를 나눠 봐도 특별히 정신적으로 문제가 있어 보이지는 않았습니다. 오히려 매우 똘똘하고 영리해서 탐날 만큼 영특한 아이였지요.

처음에는 영어시험에 대한 일종의 강박증이라고 판단하고 긴장을 풀어주고 집중력이 강화되는 약재와 입맛을 돋우어 몸을 보할 수 있는 약재를 처방해주었습니다. 그렇게 조금씩 나아지는 듯싶던 어느 날, 정희가 영어시험에서 백지를 내고 왔다는 충격적인 소식이 들려왔습니다. 도대체 무엇이 이 똘똘한 아이를 그토록 힘들게 하는 건지 이유를 파악하기 힘들었습니다.

한 번 더 이야기를 나눠보자는 생각에 정희를 불렀습니다. 이런저런 이야기를 나누던 중에 정희에게 좋아하는 남학생이 있다는 사실을 알게 되었지요. 선물도 주고 표현도 적극적으로 하는데 이 남학생이 도통 반응이 없다며 정희는 속상해했습니다. 어쩌면 힘든 짝사랑이 마음의 병으로 번진 것은 아닐까 싶은 생각이 들었습니다.

"나도 어릴 때부터 연애 엄청 많이 했거든. 너만 괜찮다면 내가 도와줄게. 힘든 거 있으면 언제든지 연락해."

정희에게는 한의사가 아니라 속을 터놓고 털어놓을 누군가가 필요하다는 생각이 들었습니다. 정희 어머니에게는 정희가 강박증이라기보다는 사춘기를 겪으며 올 수 있는 증상으로 판단되니 너무 크게 걱정하지 말라고도 말씀드렸습니다.

그런데 얼마 후 정희가 학교에서 갑자기 뛰쳐나가 한참 후에 돌아왔다며 걱정스런 목소리로 어머니가 전화를 해왔습니다. 아무래도 짝사랑의 상대와 트러블이 있는 듯하니 기다려보시라고 하고 정희와의 상담 날만 기다렸지요. 그리고 정희를 만나자마자 제안을 하나 했습니다.

"그 친구, 내가 좀 만나보면 어떨까? 너랑 잘될 수 있게 도와줄 수 있을지도 몰라."

제 갑작스런 제안이 당황스러웠는지 한참을 망설이던 끝에 정희가 진짜 고민을 털어놓았습니다. 정희의 애를 태우고 있는 것은 남학생이 아니라 영어선생님이었던 것입니다. 그는 이미 결혼을 한 사람이었으니 열일곱 소녀의 애타는 사랑은 갈 곳을 잃었던 것이지요.

정신적으로는 어떤 불안이나 강박의 원인도 찾기 힘들었던 만큼 치료과정에서 매우 난감했던 케이스였는데, 다행히 짝사랑의 해프닝이라는 것이 밝혀져서 한숨 돌릴 수 있었던 사건이었지요.

정희 어머니께도 시간이 흐르면 해결이 될 문제니, 그저 믿고 지켜봐주시기를 부탁드렸습니다. 어른들이 보기에는 우스워보일지 몰라도 이 나이 때의 사랑이란 '세상의 전부'가 되기도 하는 법이니까요.

이처럼 가끔은 '사랑'으로 인해 나타나는 이상행동들이 강박증이나 우울증처럼 보이기도 합니다. 정희처럼 육체적 피로나 맥박, 심장의 기능이 모두 정상인 경우에는 자율신경을 조율하고 심장을 안정시키는 처방을 한다고 해도 당사자가 느끼는 불안감은 쉽게 해결되지 않기도 하고요.

그래서 진짜 원인이 무엇인지 찾는 것이 무엇보다 중요합니다. 환자의 치료하고자 하는 의지와 의사에게 얼마나 협조적인가에 따라 때로는 가족들도 눈치 챌 수 없었던 혼자만의 고민들을 끄집어 낼 수 있게 되기도 하지요. 저 또한 진심을 다해서 수많은 원인들로 힘들어하고 있는 사람들에게 바늘구멍 같은 작은 빛이나마 출구를 마련해줄 수 있는 의사가 되어야겠다고 다짐하는 계기가 되었습니다.

고3병
학교엘 못 다닐 정도로 온몸이 아파요

우리나라의 고3이라면 누구나 수능준비에 한창이어서 정신없는 나날을 보낼 것이라 생각하지만 사실 너무나 많은 고3 학생들이 그렇지 못하다는 사실을 알고 계신지요?

목포에서 왔던 주영이(19세)는 어쩐지 학교와 잘 맞지 않았습니다. 고3이 되면서 학교 가기가 너무 힘든 나머지 여기저기 안 아픈 곳이 없었던 아이였지요. 배도 아프고, 머리도 아프고, 힘도 없고, 아침에도 못 일어나고…….

처음 만났을 때는 이유 없이 아픈 곳이 하도 많아서, 부모님들은 '귀신병'이 걸린 것 같다고 말씀하셨습니다. 실제로 굿도 하고, 스님도 찾아가 보고…… 안 해본 것이 없다고 했습니다. 그래도 아무런 차도가 없자 결국 서울까지 먼 길을 달려온 것이었습니다.

하지만 주영이는 부모님에게 억지로 질질 끌려온 것이 분명해 보였습니다. 슬리퍼에 체육복 바지 차림이었죠. 만사 귀찮아 보였습니다. 학교는 어쩌다 한 번 겨우 가는 것이 전부였고, 너무 아파서 학교를 갈 수가 없다는 말만 되풀이했습니다.

첫날은 아이의 신체적인 상태를 살피고, 생각을 들어본 뒤 일단 부모님을 만나 설득을 시작했습니다. 우리 때는 학교를 중간에 그만둔다는 것은 상상도 할 수 없는 일이었지만 요즘은 안 그렇다고 조심스레 이야기를 꺼냈습니다.

제가 만나는 환자의 40%가 학교를 안 가는 아이들이며, 요즘은 너무나 흔한 경우라는 것, 또 다양한 대학제도가 있어 학교를 다니지 않더라도 검정고시를 통해 충분한 기회를 만날 수 있다고 차근차근 설명했습니다. 그러니 주영이가 무슨 중병에라도 걸린 것처럼 겁내거나 놀라지 마시고 아이를 편하게 대해주시라고 얘기했죠.

실제로 저를 찾아오는 학생들 중 30~40%가 학교를 다니지 않거나, 학교를 가기 싫어하는 아이들입니다. 그런 아이들을 억지로 학교로 돌려보내는 것만이 능사는 아니기에 매번 심사숙고하게 됩니다. 물론 반드시 학교로 돌아가라고 설득해야 하는 경우도 있습니다. 중학교 1, 2학년으로 아직 어린 아이들, 검정고시를 합격할 가능성이 낮은 아이들입니다. 이런 아이들은 남아도는 시간을 효율적으로 사용하기 어렵습니다. 또 검정고시에 떨어진다면 인생의 많은 기회를 잃어버리게 됩니다. 그러니 어떻게든 고등학교 졸업장을 받는 편이 유리합니다.

주영이는 두 번째 경우였습니다. 어떻게든 학교에 다니는 것이 유리한 쪽이었죠. 저는 두 번째 만남에서 주영이에게 이런 이야기를 했습니다.

"어떻게 보면 인생은 기회 따먹기 싸움이야. 전문대를 가든, 4년제를 가든 그 기회의 차이는 많지 않을 수도 있어. 조금만 노력하면 얼마든지 더 많은 기회를 잡을 수 있는 기반이 있으니까. 하지만 고등학교를 졸업하는 것과 아닌 것에는 너무 큰 차이가 있어. 지금은 단순히 '공부도 못하는데 학교를 다녀서 뭐하나' 그런 생각이겠지만, 이건 차원이 다른 얘기야. 수능은 사실 너무 어려운 프로젝트야. 너희 반 40명 중 20명은 죽어라 공부를 하고 있지만 그 아이들 중에서도 2~3%만 겨우 좋은 대학을 갈 수 있을 테니까 말이야. 하지만 한편으로 수능은 그냥 치르는 것만으로 너에게 기회를 주기도 해. 네가 정성껏 기도하는 마음으로 열심히 찍고 나오기만 해도, 어차피 공부 안 하는 나머지 20명들과는 성적이 비슷하게 나올 테고, 설사 꼴찌를 한다고 해도 네가 갈 수 있는 대학은 많아. 봐봐, 지금 넌 고등학교를 졸업할까 말까를 두고 고민하고 있는데 학교 며칠 더 다니고 수능만 볼 뿐인데, 넌 어느 대학엘 갈까 그런 걸 고민하게 되는 거야. 얼마나 행복한 고민이야. 이제껏 그런 고민 해본 적 있어?"

주영이는 실제로 온몸이 아파서 학교를 못 가는 아이였지만 통증에는 특별한 원인이 없었기에 심리적인 증상이라고 판단했습니다. 제 목표는 오직 주영이를 잘 설득해서 고등학교 졸업을 시켜야겠다, 그리고 수능을 보게 해야겠다는 것뿐이었습니다.

그것이 당장 학교가 가기 힘들어 배가 아프고, 머리가 아픈 이 아이의 '귀신병' 같은 증상들을 낫게 하는 것보다 더 중요한 치료였습니다. 지금은 인생이 끝난 것 같겠지만, 앞으로 너무나 길고 긴 인생을 살아가게 될 아이에게 최소한의 기회라도 주고 싶은 것이 저서 솔직한 심정이었으니까요.

화가 치성해서 여드름과 열꽃이 많은 얼굴을 가라앉히고, 마음을 안정시키며, 자율신경을 조율하고, 소화를 돕는 약을 지어 보내고 한 달쯤 지났을 때 주영이에게서 문자메시지가 왔습니다. 아직 증상들은 조금 남아 있지만 그래도 학교를 잘 다니고 있다고, 이렇게 그냥 학교만 다니면 되는 거냐고 묻는 내용이었습니다. 저는 바로 주영이에게 전화를 걸어 잘하고 있다고, 그렇게 하면 된다고 칭찬을 해주었습니다.

정말 감사하고 반가운 소식이 아닐 수 없었습니다. 이대로 아이가 학교를 무사히 졸업하고 수능을 봐서 지방의 작은 대학이라도 간다면 일단 한 걸음을 무사히 뗴었다고 봐야겠지요. 인생에는 수많은 기회들이 있지만 그것들을 한꺼번에 다 만나거나 뛰어넘을 수는 없습니다. 인생은 안개와 같아서, 1미터를 앞으로 가야 그 다음 1미터가 보이는 것이니까요.

청소년 학습장애
게임에 빠져 공부를 놓아버렸어요

성우(17세)는 이유 없이 배가 자주 아프다며 한의원을 찾아왔습니다. 내과에 가서 검사도 받아보고 약도 먹어봤지만 소용이 없었다며 말 그대로 '이유 없는 복통'에 시달린 지가 꽤 되었다고 하더군요. 예민한 나이인 만큼 혹 체력이 떨어져서 그런 것은 아닐까 염려된 어머니께서 보약이라도 좀 먹이면 괜찮을까 싶어 데려왔다고요.

일단 성우를 검사실로 보내고 어머니를 먼저 뵈었습니다. 성우 어머니는 아주 작은 소리로 저에게 속삭였습니다.

"사실은 우리 애가 게임중독이에요, 선생님."

게임중독을 고치러 가자고 하면 거부반응을 일으킬 게 뻔하니 복통을 봐달라고 하고 한의원에 데려온 것이었죠.

어머니의 얘기를 들은 뒤 검사를 마치고 돌아온 성우와 마주앉았습니다. 앉자마자 단도직입적으로 물었습니다.

"지금 몇 등이야?"

고1 때는 반에서 1등이었던 아이가 게임을 시작한 뒤 고2가 되자 반에서 20등으로 떨어졌다는 얘기를 들었기 때문입니다.

"1학년 때는 잘했는데 지금은 한 20등 해요."

"왜 그렇게 떨어졌어?"

"롤게임 때문에요."

성우는 자신이 게임에 너무 빠진 나머지 중독이 된 것 같다고 털어놓더군요. 자기도 중독인 걸 알지만 멈출 수가 없어서 답답하다는 말과 함께요. 이미 자신의 증상을 너무나 정확히 알고, 인정하고 있는 아이에게는 빠져나올 수 있다는 희망을 주는 것만이 유일한 방법이었습니다.

그래서 제 이야기를 시작했습니다.

"나도 고1 때 처음에는 반에서 5등을 하다가 기말고사에 10등을 했어. 나름 충격이었지. 근데 어느 날, 야간자습시간에 너무나 가슴이 답답하고 울고만 싶은 거야. 이렇게 많은 아이들이 다 열심히 공부를 하고 있는데 내가 여기서 과연 얼마나 버틸 수 있을까 하는 생각에 다 포기해버리고 싶은 거야. 너무 힘들어서 아버지께 말씀드렸더니 뒷산에 데리고 가서 '야호'를 몇 번 하라고 하시더라. 가슴은 시원했는데, 그 뒤로도 성적은 계속 떨어졌어. 그러다 고2 여름방학 마지막 날에 미팅을 했는데, 너무 재밌는 거야. 그렇게 고등학교를 졸업할 때까지 미팅을 100번은 한 것 같아. 당연히 반에서 35등으로 떨어졌지."

제 이야기를 집중해서 듣고 있는 성우에게 질문을 했습니다.

"내가 그때 성적이 떨어졌던 게 미팅 때문인 것 같니?"

"아니요. 가슴이 답답한 것 때문에 그러신 것 같아요."

"그럼 넌 성적이 떨어진 게 게임 때문이니? 아니면 혹시 너도 나처럼 가슴이 울렁거리고 힘들었던 거야?"

그때부터 아이의 눈빛이 흔들리기 시작했습니다. 그리고는 자신도 그렇게 계속 1등을 지켜야만 한다는 생각과 공부 자체가 힘들었고, 지금도 다시 공부를 하고 싶지만 다시 1등을 할 엄두가 나지 않아 시작조차 할 수가 없다고 하더군요.

"성우 네 생각에, 네가 게임에 재능이 있는 것 같아? 공부가 힘들면, 프로게이머가 되는 건 어때?"

"재능은 있는데…… 프로게이머가 되긴 힘든 것 같아요."

"왜?"

"저는 지금 상위 6% 정도인 거 같은데 게이머가 되려면 0.5%는 돼야 하거든요."

"그렇구나. 그럼 앞으로 0.5%가 되기는 힘들 것 같아?"

"아마도……. 네……."

"그럼 반에서 20등 하는 걸 10등까지 올리는 건 어때?"

"…… 게임만 안 하면 그 정도는 할 수 있을 것 같아요."

많이 부모님과 아이들이 '게임만 안 하면'이라는 전제로 이야기를 합니다. 하지만 이런 경우 공부를 하기 힘든 가장 큰 원인은 게임이 아니라 공부에 대한 심리적 두려움인 경우가 더 많습니다. 이런 경우, 이제 와서 게임을 그만둔다고 해서 공부를 잘하게 되는 것도 아니고 설령 애초부터 게임을 하지 않았다고 해도 공부를 계속 잘했으리라는 보장은 없습니다.

사실 고등학교 공부란 게 대단히 비효율적이지요. 한번에 수학, 영어, 국어, 사회, 물리 등등 너무나 많은 과목을 다 잘해야 하는 것은 물론이고, 사춘기 방황 한 번 없이 6년을 미친 듯이 공부에만 집중해야 마스터할 수 있을 정도의 방대한 양입니다. 그렇게 죽어라 해서 반에서 겨우 5등 안에 든다고 한들 서울에 있는 대학을 가는 것조차 쉽지 않은 게 현실입니다.

어른이 된 제가 되돌아봐도 다시 할 수 있을까 싶을 정도로 힘든 그 시간들을 감정과 인격이 제대로 형성되지도 않은 우리 아이들이 어떻게 한 번의 실수도 없이 완벽하게 통과할 수 있을까요?

성우에게 당장 중요한 것은 게임을 계속 할까 그만 할까 하는 것이 아니라 자신이 해낼 수 있을 것 같은 목표를 재설정해주는 일이었습니다.

"네가 1등을 목표로 하니까 답답한 거야. 게임을 관두려고 노력할 필요도 없어. 네 능력이라면 게임을 하면서도 반에서 10등까지 올리는 건 충분히 할 수 있을 것 같아. 10등까지만 해보면 아마 배도 더 이상 아프지 않을 것이고, 밥도 잘 먹을 수 있을 거야. 그래서 자신감이 좀 붙으면 한 8등까지 올려보고, 그 다음에 5등, 이런 식으로 아주 천천히 조금씩 하다보면 적어도 지금처럼 자포자기하고 있는 것보다는 훨씬 낫지 않을까?"

저는 오래도록 게임을 하면서 한편으로 불안해했을 아이의 몸과 마음을 충전하고 회복시킬 수 있는 약과 땡땡한 배의 긴장을 풀고 편해질 수 있는 약을 처방했습니다. 성우의 경우는 정확히 말해, 게임중독이 아니라 심리적 부담감으로 인한 '학습능력 저하'가 더 정확한 상태였지요.

어릴 때부터 너무 많은 공부를 해야 했고, 그렇게 끝없는 마라톤을 달리는 기분으로 여태껏 달려왔는데 앞으로 3년을 더 이렇게 해야 한다니……. 거기다 앞으로 3년이나 더, 1등을 놓치지 않기 위해 죽을힘을 다해야 한다는 생각이 아이를 너무나 힘들게 했던 것입니다. 한마디로, 아이의 에너지가 바닥난 것이죠.

중고등학교 아이들은 사실 공부를 안 하면 딱히 할 게 없습니다. 공부할 에너지가 바닥나서 잠시 충전이 필요한데 공부 아니면 할 게 없으니 게임에 빠지거나 이성 친구에게 빠지게 되는 것이지요. 어른들이 많이 착각하는 것이 바로 이 부분입니다. 아이에게는 공부할 힘이 없을 뿐인데, 공부를 안 하는 원인이 게임이나 이성 친구에게 있다고 생각해서 어떻게든 그것만 차단하려고 하기 때문에 아이들을 설득할 수 없는 것이지요.

초등학교 6년, 중고등학교 6년, 장장 12년이나 되는 긴 시간 동안 공부에만 매달리는 건 쉬운 일이 아닙니다. 너무나 잔인한 일이지요. 그러니 지쳤다고 해서, 잠시 쉬려고 앉았다고 해서 남들은 저만치 가는데 쉴 시간이 어디 있냐며 채찍을 휘두르는 일은 더 이상 일어나지 않기를 바랍니다.

다행히 성우는 어머니가 쉬쉬하며 몰래 데려온 것이 무색하게 자신의 상태에 대해 솔직했습니다. 숨겨진 힘이 있는 아이였던 것이죠. 그래서 네가 얼마나 내면의 힘이 있는지, 잠재력이 있는지 지속적으로 칭찬하고 격려하고 있습니다. 누구보다 그런 칭찬이 고팠던 성우는 '이번 시험에서는 무난하게 10등 안에 진입할 수 있을 것 같다'는 문자메시지를 보내왔습니다.

저는 성우를 믿습니다. 분명 자신의 페이스를 찾아 당당하게 자신의 내일을 멋지게 그려나갈 것입니다.

틱 장애
갑자기 성적이 떨어지며 틱 증상이 생겼어요

최근 들어 틱장애를 가진 환자가 부쩍 늘었습니다. 그 중에서도 초등학교 고학년이나 중학생들이 갑작스럽게 생긴 틱장애로 내원하는 경우가 많은데요, 부모님들은 한결같이 아이의 몸에 무슨 이상이 생긴 건 아닐까, 고치지 못하면 어떡하나, 큰 장애라도 생긴 것처럼 걱정하고 불안해합니다. 하지만 가장 중요한 것은 아이의 마음이지요. 누구보다 힘든 시간을 겪고 있는 아이의 마음을 먼저 봐주셨으면 하는 생각에 안타까울 때가 많습니다.

틱은 하나의 커뮤니케이션 방법이라고 할 수 있습니다. 마음이 힘들다는 표현의 한 방법이지요. 마음속에서 일어나는 감정의 변화를 언어로 표현하고, 내면의 어려움을 편하게 털어놓고, 해법을 찾기 위해 서로 고민을 나눌 수 있다면 더할 수 없이 좋겠지요.

하지만 아이들은 물론, 어른들도 자신의 생각이나 감정을 말로 다 표현하지는 못합니다. 또한 다른 사람의 마음에 전적으로 공감하는 데도 어려움이 있을 수밖에 없습니다. 때문에 더러는 적절한 방법으로 표출되지 못한 채 안으로 숨어드는 마음이 있게 마련이지요. 이렇게 마음의 근육이 경직되면 여러 가지 증상이 나타날 수 있습니다. 내 몸이 내 말을 잘 듣지 않는 것이지요.

특히 자아가 완전히 형성되지 않는 사춘기에는 틱장애가 나타나기 쉽습니다. 마음의 힘은 아직 약한데 학업에 대한 엄청난 스트레스를 짊어지다 보니 자기도 모르게 긴장하고 위축되는 것이죠. 이런 증상은 요즘 우리 아이들이 얼마나 힘든지를 단적으로 보여주는 안타까운 예라고 할 수 있습니다.

안경 너머로 또랑또랑하게 빛나던 승우(16세)의 눈빛은 많은 것을 드러내고 있었습니다. 욕심은 있어 보였지만 내성적인 면도 두드러졌죠. 얼핏 보면 승우는 '참 공부 잘하게 생긴' 아이였는데, 저 혼자 속으로 삭이는 것이 많았던 것 같습니다. 왼쪽 눈 아래를 실룩거리거나 어깨를 들썩이는 증상 때문에 내원했는데, 상담을 하며 살펴보니 전형적인 틱 증상이었습니다.

틱장애를 가진 아이의 부모님은 맞벌이를 하는 경우가 많습니다. 특히 엄마가 교사나 전문직에 종사하며 바쁜 나날을 보내는 경우가 많죠. 내원 당시 열다섯 살이었던 승우의 어머니도 중학교 수학 교사였습니다. 편안하고 순해 보이는 인상이었지만 다소 엄격해 보였습니다.

게임중독이나 틱장애 때문에 내원한 아이들 중에는 공부를 잘하고 학교생활에 별다른 문제가 없었던 경우가 많습니다. 그런데 실제로 아이는 학교생활이나 학업에 잘 적응하지 못해서 힘든 시간을 보내고 있었던 것이죠.

승우의 경우, 초등학교 때는 우수한 성적을 유지하다가 중학교에 올라가면서 갑자기 성적이 떨어지기 시작했다고 합니다. 그러면서 차츰 공부에 흥미를 잃게 되었고 학교생활도, 공부도 포기한 듯한 모습을 보여 부모님의 애를 태웠습니다.

틱 증상이 처음 나타난 것도 기말고사 직전이었다고 합니다. 처음에는 속눈썹이 눈을 찌르는 줄 알고 안과를 다녀왔다고 하더군요. 하지만 눈이나 속눈썹에는 문제가 없었고, 짜증이 심해지며 증상이 점차 얼굴 전체로 확산되자 틱장애를 의심하게 되었다고 합니다.

승우는 손발이 너무나 찬 반면 얼굴과 심장 부위에 열감이 가득했습니다. 몸 전체의 순환이 매우 불균형해 보였죠. 게다가 복부가 매우 딱딱했습니다. 모르는 사람이 보면 '식스팩'이 아닌가 싶을 정도였죠.

틱장애를 진단할 때 복진은 매우 중요합니다. 마음이 긴장되면 복부부터 경직되기 때문입니다. 승우에게는 복부와 근육의 긴장을 풀어주는 백작약, 갈근, 계지를 비롯하여 소화장애, 혈액순환장애 등을 활성화하고 신체의 안정감을 되돌리는 처방이 이루어졌습니다. 그리고 가장 중요한 침 치료를 통해 직접적인 근육 이완 치료가 병행되었지요.

그리고 승우의 경우에는 본인보다 부모님과의 상담이 더 필요해 보였습니다. 표현은 잘 하지 않았지만 수학 교사인 엄마와 급작스런 학업 부진을 겪고 있는 승우 사이에는 묘한 불편함이 자리 잡고 있었거든요. 아들의 문제에 특별히 관심이 없는 듯 무심한 태도로 일관하는 아버지와도 깊은 대화가 필요했습니다.

저 역시 아이를 키우는 부모 입장이다 보니 승우 부모님의 마음을 이해하고도 남음이 있었습니다. 그럼에도 불구하고 힘든 아이의 마음을 다독일 수 있는 것은 부모님뿐이지요. 저는 승우의 부모님과 시간을 갖고 찬찬히 이야기를 나눠가며 해결책을 모색했습니다. 그리고 아버지께는 숙제를 하나 내드렸습니다.

"1주일에 2시간씩 승우에게 게임을 배우세요. 함께 게임을 하면서 좀 더 친해지고, 이야기를 나눌 기회도 만드시면 좋을 거예요. 승우가 게임 때문에 엄마랑 자주 싸우는 것 같으니 아버지께서 이런 시간을 통해 승우에게 편하게 게임을 할 기회도 마련해주시구요."

승우 아버지는 선선히 숙제를 받아들였고 생전 처음으로 아들과 함께 게임을 하며 이런저런 대화를 나누셨다고 합니다.

보통 틱장애는 3개월에서 6개월 정도의 치료기간이 필요합니다. 다행히 승우는 그 증상이 오래되지 않았고, 가족들의 적극적인 도움으로 생각보다 빠른 시간 내에 치료를 마칠 수 있었습니다.

1개월이 지나면서 눈의 증상이 감소하기 시작했고, 잠도 잘 자게 되었으며, 소화능력도 눈에 띄게 호전되었지요. 2개월 정도 지난 시점에는 사실상 치료가 거의 종료된 상태였습니다. 물론 승우보다 훨씬 증상이 심해서 치료기간이 더 오래 걸리거나 치료가 쉽지 않은 경우도 많이 만납니다. 그래도 상담을 통해 불안과 긴장의 원인을 찾고, 한

약으로 감정을 조율할 수 있도록 도와준다면 많은 경우 치료가 가능합니다.

여기서 반드시 기억해야 할 한 가지는 틱장애가 '정신심리적 증상'이라는 사실입니다. 성장기에 작은 좌절을 겪는 것은 많은 아이들에게 마음의 힘을 키울 기회가 되지만 어릴 때부터 필요 이상의 좌절감을 맛보는 것은 오히려 악영향을 끼칩니다. 냉정하게 말하면, 이런 일은 부모님 탓이라고 할 수 있죠.

아이가 실패라는 상황에 어떻게 대처해야 하는지 가르치지 못한, 혹은 급작스런 변화나 자극 앞에서 아이보다 오히려 더 크게 좌절하는 모습을 보이는 부모님들이 계십니다. 욕심이지요. 바로 이런 과욕이 아이에게 틱장애라는 힘든 마음의 병을 가져다주는 경우가 많습니다.

아이가 갓 세상에 태어났을 때 부모라면 누구나 이렇게 이야기합니다. "건강하게만 자라다오." 일말의 거짓도 없는 진심이지요. 하지만 아이가 커가고 할 수 있는 일이 많아지면 부모의 욕심도 점점 많아집니다. 잘 하니까 더 잘하길 바라게 되는 것이죠. 아이를 맨 처음 품에 안았던 그날의 기억, 그 순수한 다짐을 잊지 않으시길 바랍니다.

폭식증
학교도 안 가고, 먹고 토하기를 반복해요

소연이(19세)의 첫인상은 매우 강렬했습니다. 어머니에게 손목을 잡혀 질질 끌려오다시피 진료실에 들어선 소연이는 머리를 절반만 노랗게 염색한 매우 독특한 아이였습니다.

소연이는 먹고 토하는 것을 반복하는 폭식증을 앓고 있었습니다. 식이장애를 앓고 있는 많은 학생들이 그러듯, 소연이도 다니던 예고에서 한 학년이 유급되었을 뿐 아니라 그마저도 학교를 잘 가지 않으려고 했고, 부모님은 더 이상 아이를 자제시킬 힘도 남아 있지 않은 듯 지쳐 보였습니다.

단도직입적으로 물었습니다.

"왜 1년을 꿇었어?"

엄마가 유학 가라고 인천공항에서 비행기를 태워주고 돌아갔는데

비행기를 안 타고 그 돈으로 2개월간 놀다가 걸려서 다시 학교를 갔다고 하더군요.

소연이의 대답을 들으니 이상하게도 안심이 되었습니다. 이런 캐릭터는 힘이 있기 때문에 의지만 있다면 뭐든 해낼 수 있을 것이라는 믿음이 있었기 때문이지요.

그래서 다짜고짜 이런 말을 했습니다.

"너 다음에는 1등 해라."

이야기를 좀 더 나눠보니 소연이는 사진을 대단히 좋아하고 욕심도 있는 아이였습니다. 겉으로 보기에는 제멋대로인 듯했지만, 생각이 깊은 아이라는 걸 어렵지 않게 느낄 수 있었습니다. 그래서 억울하고 분한 마음을 가라앉히는 처방과 자꾸만 자신이 뚱뚱하다고 스트레스를 받고 있는 듯하기에 입맛이 떨어지는 약도 함께 처방해주었습니다.

고맙게도 소연이는 일주일에 한 번씩 꼬박꼬박 내원을 해주었습니다. 의료진과도 점차 친해지면서 제가 하는 말도 잘 듣고 약도 잘 먹으면서 폭식 증상들이 꽤 호전되었습니다.

결과는 폭식으로 나타났지만 사실 가장 큰 원인은 자신의 삶에 대한 만족도가 떨어진다는 것이었지요.

"나도 고등학교 때 공부 진짜 안 했다. 한의대도 26살이나 돼서 겨우 갔거든. 대학교 다닐 때도 미팅은 2번밖에 안 했는데, 고등학교 때는 한 100번쯤 한 것 같아. 공부 안 하는 것에 너무 스트레스 받지 마. 사람이 좀 놀 수도 있는 거야. 대신 네가 정말 하고 싶은 게 있다면 그거 하나만은 정말 열심히 해. 나중에 후회하지 않도록."

제 조언을 받아들인 소연이는 사진학원을 다니기 시작했고, 자신의 의지로 열심히 치료를 받기 시작한 지 세 달 정도가 지나자 폭식증이 완치되기에 이르렀습니다. 물론 학교도 다시 다니기 시작했고 허리 아픈 할머니를 모시고 웃으며 내원할 정도로 달라져 있었죠.

그렇게 1년쯤 지났을까요. 소연이가 뜬금없이 저를 찾아왔습니다.

"선생님, 저 1등했어요!"

정말 1등한 성적표를 들고 저를 찾아왔더군요. 얼마나 기쁘던지, 그 날의 뿌듯함은 이루 말할 수가 없습니다. 예상대로, 자신의 의지가 확고하고 내면의 힘이 있었던 소연이는 한 번 1등을 차지한 뒤 바로 학교를 그만두었고 검정고시를 통해 사진으로 유명한 대학에 떡하니 합격했다고 하더군요.

식이장애는 보통 허기 때문에 옵니다. 육체적으로 배가 고픈 것도 허기지만 진짜 배가 고파서 폭식을 하는 경우는 많지 않습니다. 자신이 속한 환경이나 인간관계 등으로 인해 나타나는 외로움, 심심함, 괴로움 등의 심리적 허기가 폭식을 유발하게 되는 가장 큰 원인입니다.

사람은 일등이든 꼴찌든, 노란 머리든 빨간 머리든, 또 내성적이든 외향적이든 모두 그 나름대로의 목표나 욕심이 있기 마련입니다. 그런데 삶이란 언제나 마음 먹은 대로 할 수 있는 상황만 주어지는 것은 아닐뿐더러 그럴수록 그 목표는 너무 높은 절벽 같아서 오를 엄두가 나지 않기 마련입니다. 하지만 그럴 때는 한두 계단만 먼저 오르면 그 다음이 보이는 법이지요.

소연이는 부족했던 소속감과 삶의 재미가 사진을 더 공부하고 집중함으로써 해소된 케이스입니다. 사실 그 나이 때 아이들은 정신적으로 힘들고 혼란스러운 상황에서 "학교도 두렵고 공부도 못 하겠어요, 너무 힘들어요"라고 가족에게 도움을 청하거나 소통을 할 수 있는 능력이 부족합니다. 그래서 폭식증이나 거식증과 같은 일종의 격렬한 시위를 통해 자신이 힘들다는 것을 계속해서 어필하는 것이지요.

폭식증은 두 가지 관점을 중요하게 체크합니다. 폭식을 한 뒤 구토를 하는지 안 하는지, 구토 사실을 가족이 알고 있는지 아닌지 등입니다. 자세한 것은 앞에서 한번 설명해 드렸는데요(75페이지 참고), 폭식 자체보다는 아이가 처해 있는 상황이나 욕구를 읽어내는 것이 중요합니다.

소연이의 케이스처럼 평균적인 체형을 유지하면서 폭식과 구토를 반복하고 있다면 어렵지 않게 그 원인을 찾을 수 있습니다. 그래서 진료실에서는 폭식에 관련된 이야기는 꺼내지도 않았던 것입니다. 삶에 대한 이야기, 소연이가 원하는 것에 대한 이야기만 나눴습니다. 그래서 효과도 좋았다고 생각되고요. 소연이가 앞으로의 삶을 얼마나 더 개성 있게 개척해나갈지 기대됩니다. 마음으로나마 오래도록 응원하겠습니다.

수험생 강박증
수학 때문에 시험만 다가오면 불안해해요

수능을 앞두고 진료실을 찾았던 정찬이(20세)는 재수생이었습니다. 경기도 소재의 국제중, 국제고를 나와서 의대에 가기 위해 이과로 전향을 하고 공부에 매진하고 있는 학생이었습니다. 국제고를 나왔으니 아무래도 언어, 특히 영어에는 매우 강했지만 수학에는 다소 부족함이 있었습니다. 고3 때 치른 수능에서는 수학 점수가 제대로 안 나와서 재수를 하게 되었다고 하더군요.

독하게 마음먹고 시작한 재수. 정찬이는 1년 간 학원에 다니고 과외를 하며 부족한 수학 점수를 끌어올렸습니다. 하지만 불안한 마음은 좀체 줄어들지 않았죠.

모의고사를 보면 세 번에 한 번은 망치는 일이 나타났습니다. 공부는 어느 정도 된 것 같은데 수학시험 전에 나타나는 불안증상은 어쩔 수가 없었습니다. 수학시험 전 불안이 심해지며 가슴이 두근거리고 답답해지고 긴장이 되어 시험을 잘 못 보는 것입니다. 이런 일이 몇 번 반복되면서 정찬이는 심한 강박에 시달리고 있었습니다. 시험이 가까워 오면 잠도 잘 못 잤습니다. 그러니 집중력도 떨어지고 매사에 의욕이 없을 수밖에요.

정찬이가 한의원을 찾은 건 8월. 자율신경균형 검사부터 했습니다. 맥박도, 심장의 기능도, 교감신경과 부교감신경의 조화도 상당히 안정되게 나타났습니다. 육체적 피로도 거의 없고, 감정적 상태도 양호했습니다. 육체적으로는 아주 건강한 젊은이였죠. 적외선 체열 진단 역시 일반적인 체열상을 나타냈습니다. 다만 이마 부위와 등, 승모근, 목 부위에 열상이 심하게 나타났습니다. 하루 종일 앉아서 공부를 하는 아이들에게서 나타나는 증상이라고 할 수 있죠.

맥을 짚어보니 건강하고 다부진 체격에 학생으로는 매우 안정된 평맥이 나타났고, 마음의 긴장을 표현하는 긴맥과 무의식 깊이에서의 불안을 나타내는 삭맥이 함께 나타났습니다.

몸 곳곳에서도 수험생들이 흔히 겪는 증상들이 나타나고 있었습니다. 정찬이는 복부가 딱딱했습니다. 내장 및 소화기관, 각종 장기를 둘러싸고 있는 복직근이 긴장되어 있는 것이죠. 복직근 경직은 수험생들이 겪는 대표적인 증상으로 마음의 긴장이 몸의 긴장을 불러일으키는 것입니다.

양쪽 갈비뼈 아래쪽에도 딱딱하게 굳은 근육 경결이 나타났습니다. 머리의 긴장이 복부 근육을 긴장시키고 소화기를 긴장시키니 음식을 먹으면 더부룩하고 졸음이 쏟아졌습니다. 승모근 긴장도 비슷합니다. 늘 긴장하고 한 자세로 오랫동안 앉아 있으면 목과 어깨 등이 긴장되어 뭉치게 됩니다.

또한 정찬이의 경우 혀끝이 붉은색을 띠고 있으며 전체적으로 충혈되어 있었습니다. 과로와 스트레스로 인해 심장의 과열이 혀에 표현된 것입니다. 혀는 '심장의 싹'이라고 할 만큼 심장의 상태를 한눈에 보여주는 부위입니다.

작년에 수학 때문에 수능을 망쳤던 경험이 트라우마가 되어 무의식에 부정적 정서로 작용하여 불안을 일으키고 있는 것으로 판단되었습니다. 자율신경의 검사 상으로는 안정이 되어 있었지만 스트레스로 인한 불안이 강하게 나타나고 있었죠.

정찬이에게는 교감신경의 항진을 줄이고, 마음의 안정과 감정을 조율하고, 심장을 강하게 하는 약재를 처방했습니다. 또한 복직근의 긴장을 풀어주는 백작약, 승모근의 긴장을 풀어서 어깨와 목의 순환을 돕는 갈근을 합방하고, 머리를 맑게 하는 원지와 석창포, 강심하면서 진정작용이 있는 반하를 추가로 처방했습니다.

한 달 뒤, 다시 정찬이를 만났습니다. 다행히 모의고사에서 수학 시험을 잘 치렀다며 한약을 먹으면서 머리도 맑아지고 힘도 나는 것 같다고 말했습니다. 전보다 한결 안정된 모습의 정찬이를 보니 한 고비 넘겼구나 하는 생각에 안도감이 들었습니다. 또한 스스로 한약을 한 달쯤 더 먹어보고 싶다고 말할 정도로 치료에 임하는 태도도 매우 긍정적이었습니다. 그러니 단시간 내에 효과가 나타날 수밖에요.

많은 수험생들이 시험을 앞두고 불안을 경험합니다. 마음의 불안은 육체의 긴장을 일으키고, 자율신경을 실조시켜 과도한 불안, 긴장, 초조, 땀, 안면홍조, 자신감 결여, 무기력 등의 증상을 일으킬 수 있습니다.

바로 여기서 강박증이 시작됩니다. 특히 시험과 관련된 증상들은 불안이 원인이 되는 경우가 많습니다. 이때는 마음을 강하게 먹고 정신력을 기르는 것이 중요합니다. 멘토와의 상담도 도움이 될 수 있습니다. 하지만 모든 것이 불안정한 청소년기에는 이 또한 쉬운 일이 아니죠. 한의원에서는 이럴 때 자율신경을 조율하고 마음을 안정시키는 효과가 있는 약재를 처방합니다.

하지만 현실에서 오는 불안이 한약의 효능에 비해 월등히 크다면 치료 효과가 더딜 수밖에 없죠. 소통을 통해 현실의 불안을 지혜롭게 해소하고 그 위에 한약 치료를 더해야 원하는 결과를 빠르게 얻을 수 있습니다. 정찬이의 경우, 수학으로 인한 아이의 불안을 부모님께서 받아들이고 적절히 대응해주신 것도 큰 도움이 되었습니다.

아이들이 알아서 마음의 안정을 되찾기를 바라는 것은 무리가 있습니다. 자율신경의 문제는 마음먹는 것만으로는 해결이 안 될 때가 많기 때문입니다. 공부와 시험밖에 모르고 살아온 아이들일수록 더욱 그렇죠. 이때는 치료도 고려해보는 것이 좋습니다. 아무래도 효과적인 치료를 통해 하루라도 빨리 안정을 찾고 공부에 집중하는 것이 낫지요.

똑똑한 아이들일수록 부모와 의료진이 자신을 위해 힘을 보태고 있다는 것을 느낄 때 안도감을 느낍니다. 이 시기의 아이들은 외로움이나 자기만 혼자 방치된 듯한 느낌 때문에 절망할 때가 많습니다. 항상 아이들에게 응원군이 있다는 것을 알려주세요. 부모님의 믿음과 격려만큼 큰 힘을 발휘하는 것도 없답니다.

Part
5

마음의 힘을 키우는
훈련

아이의 자신감을 높여주려면

자신감이란 무엇일까요? 말뜻을 그대로 풀자면 '스스로 신뢰하는 마음' 정도 되겠지요. 그런데 우리가 생각하는 자신감은 좀 다른 것 같습니다. 뭔가를 잘해내는 능력, 그게 자신감이라고 착각하는 경우가 많습니다.

반에서 1등 하는 아이가 있다고 해볼까요? 그 반에서 그 아이는 항상 자신감이 있겠죠. 그런데 전교등수는 5등입니다. 어느 날, 교장선생님이 전교 1등부터 5등까지 다섯 명을 함께 불러서 토론시간을 가졌다고 하면 그 순간에도 이 아이가 자신감이 있을까요?

학교 끝나고 집에 가는데 힘이 센 아이들 몇 명이 모여서 이 아이를 부릅니다. "야, 이리 와봐!" 이 순간 이 아이가 자신감 있게 자신의 의사를 표현할 수 있을까요? 운동을 잘하고 힘이 센 아이들 앞에서 공부만 잘하는 아이는 자신감이 없어집니다. 미술, 음악도 마찬가지지요.

자신이 잘하는 분야에서는 자신감이 넘치고 그렇지 못하면 자신감이 떨어질 수밖에 없지요. 여기서 우리는 자신감이란 게 항상 일정 수준을 유지할 수 없다는 것을 알 수 있습니다. 한 사람이 모든 일을 잘할 수 없으니까요.

자신감의 개념을 정확하게 알아야 해요

자신감이란 자신을 신뢰하는 마음입니다. 나를 신뢰한다는 건 어떤 의미일까요? 나에게 어떤 일이나 상황이 발생하든지 나는 그 순간, 그 상황에서 최선을 다한다는 믿음, 그 마음이 바로 자신감입니다.

내가 원하는 대학에 들어가지 못하더라도, 내가 원하는 성적을 내지 못하더라도, 집안 사정이 어려워지고 공부를 하기 힘든 상황이 오더라도 나는 그 상황에서 또 최선의 길을 찾아가리라는 스스로를 향한 굳은 믿음, 그게 있는 아이들은 성적의 변화나 주변상황, 친구들의 유혹에 쉽게 흔들리지 않습니다.

어떤 상황이 오든 내가 할 수 있는 최선을 다하겠다는 마음, 나는 그럴 수 있다고 믿는 마음, 그런 마음을 스스로 갖는 것이죠. 이렇게 스스로 믿는 것, 그게 자신감입니다. 이런 식으로 자신감의 개념을 재확인, 재정립하는 것은 우리의 마음 상태를 상당 부분 달라지게 합니다.

자신감은 나의 일일 뿐, 타인의 시선과는 무관해요

자신감을 다른 관점에서 한번 바라볼까요? 세상에는 나의 일이 있고 남의 일이 있습니다. 나의 일이란 내가 컨트롤 할 수 있는 일을 말하고, 남의 일이란 내가 컨트롤 할 수 없는 다른 사람의 평가나 감정 상태를 말합니다.

저마다 가진 능력치를 숫자로 표현해보죠. 실제로 나에게 있는 능력치가 30이라고 해보겠습니다. 그런데 내가 원하는 나의 능력치는 100입니다. 실제로는 30밖에 없다는 걸 스스로 잘 알기 때문에 당연히 자신감이 없겠죠. 그러나 마음 한편에서는 남들이 나를 100으로 봐줬으면 좋겠다는 마음이 늘 공존합니다. 남들이 나를 그렇게만 봐준다면 없던 자신감도 생길 것 같은 착각이 들기도 합니다.

그런데 내가 30이라고 내 능력치를 스스로 평가하는 것도 사실은 나의 일이고 100이 되고 싶은 욕망도 나의 바람이자 생각일 뿐입니다. 남들은 그저 각자 자신이 보고 싶은 대로 나를 보고 판단할 뿐이죠. 즉, 내 능력치가 100인 것처럼 아무리 포장하고 애쓴다고 해도 다른 사람이 그걸 어떻게 봐줄지는 아무도 모른다는 겁니다. 100으로 봐줄 수도 있고 더 훌륭하게 200쯤으로 볼 수도 있습니다. 나의 의지와는 상관없이 능력치 0의 형편없는 사람으로 비춰지고 있을지도 모를 일입니다. 그러나 철저히 그것은 다른 사람의 일인 것입니다.

예를 들어, 꽤 좋은 펜을 부모님께 선물 받았습니다. "우아, 이거 엄청 비싼 건데! 아무나 못 사는 건데 어떻게 이렇게 귀한 걸 쓰냐?"라고 친구들이 과장해서 얘기하면 기분이 무작정 좋기만 할까요? 그렇게 좋지만은 않을 거예요. 사실이 아니기도 하고 입에 발린 칭찬이라는 걸 아니까요.

그 펜을 꺼내서 글씨를 썼는데 누가 "그거 얼마 줬냐? 천원?" 그러면 어떨까요? 그 친구는 이 펜에 대해 잘 몰라서 그렇게 얘기하지만, 사실은 그보다는 훨씬 좋은 펜이기 때문에 나는 오히려 속으로는 으쓱한 기분이 들 수도 있습니다. 엄밀히 보면 자신감은 나의 일이지, 남이 봐주는 것과는 전혀 상관이 없다는 얘기입니다. 내가 컨트롤할 수 있는 건 나의 일밖에 없습니다.

❖ 자녀와 함께하는 마음훈련법

1. 내가 생각하는 나의 점수를 한번 적어보세요.
    - 나는 지금 몇 점인가요?
    - 다른 사람이 나를 몇 점으로 봐주길 원하나요?

그리고 생각해보세요.

1. 나는 나의 점수에 만족한다.
2. 나는 나의 점수에 만족하지 못한다.

1번이라면 계속 그렇게 만족감을 느끼면서 살아가면 되니 문제가 없습니다. 문제는 2번이죠. 자신이 느끼는 자신의 점수와 타인에게 보이고 싶은 점수의 차이가 클수록 늘 불만족스러운 감정을 느끼게 되고, 더 높은 점수처럼 보이기 위해 포장을 하기 시작합니다. 거짓된 포장은 열등감을 낳습니다. 바로 이것이 자신감을 떨어뜨리는 원천이자 괴로움의 시발점이 되는 것이지요.

굳이 내가 어찌할 수 없는 남의 일에 집착하지 않길 바랍니다. 자신감은 오로지 나의 일이기 때문입니다. 내가 나를 어떻게 생각하느냐, 오직 그것만이 진짜입니다. 70점인 내 모습을 인정하고 천천히 100이 되기 위해 노력하는 것, 그게 바로 진정한 자신감입니다.

자신을 사랑하는 아이로 키우려면

모르는 사람이 돈을 준다면, 경우에 따라 다르지만, 대부분 거절을 합니다. 하지만 사랑이나 관심은 다르죠. 온정이나 칭찬 등도 마찬가지입니다. 이런 것들은 어른, 아이 할 것 없이 다들 받고 싶어 합니다. 칭찬은 때로 인간 성장의 원동력이 되기도 합니다.

그런데 여기에는 함정이 하나 있습니다. 바로 관심, 사랑, 온정, 칭찬 등은 오로지 타인에게서만 받을 수 있는 것이란 사실입니다. 바로 이 명제로부터 아픔이 시작됩니다. 타인에게서 받고자 했던 것들이 내 마음처럼 돌아오지 않을 때 우리는 불행을 느끼기 때문입니다.

아이들의 경우는 더욱 심합니다. 그 타인이 부모님, 선생님, 친구들로 국한될 뿐이죠. 누군가 나를 사랑해 주지 않고 누군가 나를 칭찬해 주지 않으며 누군가 나에게 온정을 베풀지 않고 아무도 나에게 관심이 없다고 느끼는 순간부터 아이들은 불행을 느낍니다.

스스로에게 사랑과 관심, 칭찬을 해주는 연습

여기서 우리가 깨달아야 할 것은 나를 사랑하고 나에게 관심을 가지며 나를 칭찬해주는 상대가 바로 타인이어야 한다는 것은 고정관념에 불과하다는 사실입니다. 생각의 전환이 필요합니다. 고정관념을 벗어던지는 순간 우리의 삶 자체가 바뀔 수도 있습니다. 타인에게서만 받을 수 있다고 믿었던 사랑이나 관심, 칭찬 등을 스스로에게 해주는 연습을 해보도록 하겠습니다.

내가 스스로 나를 사랑할 수 있다.
내가 스스로 나를 인정할 수 있다.
내가 스스로 나를 칭찬할 수 있다.
내가 스스로 나를 모욕할 수 있다.

나에게 진정한 관심을 줄 수 있는 것은 나밖에 없다.
나에게 진정한 사랑을 줄 수 있는 것은 나밖에 없다.
나에게 진정한 모욕을 줄 수 있는 것은 나밖에 없다.
나에게 진정한 꾸중을 할 수 있는 것은 나밖에 없다.

이 문구를 책상머리에 붙여두고 매일 보거나 읊조리는 것만으로도 어느 정도 마인드컨트롤이 가능해집니다. 처음엔 생각 없이, 혹은 불편한 마음을 보게 되지만 공부를 하다가, 학교를 다니다 보면 어느 날 문득 이 문구가 확 와닿는 순간이 있습니다. 믿었던 친구에게 상처를 받을 수도 있고, 내가 사랑과 관심을 받고 싶었던 선생님이 더 이상 관심과 사랑을 주지 않는다고 느끼는 순간일 수도 있죠.

그런 과정을 통해 아이는 성장합니다. 사랑한다는 느낌이 무엇인지 깨닫는 순간은 아이 스스로가 그렇게 자연스럽게 맞이하게 됩니다. 부모님은 그저 그 방향을 틀어주고 길을 깔아주는 일을 해주시면 됩니다.

스스로를 사랑하고 아끼는 마음

관심을 받고 사랑을 받기 위해 학교를 안 가거나 게임만 하거나 속을 썩이고 친구들과 나쁜 짓을 하기도 하고 음식을 마구잡이로 먹기도 합니다. 즉, 나의 아픔, 나의 망가짐, 나의 불쌍함으로 관심을 끄는 행위죠. 건강하고 알아서 자기 일을 잘 해내면 관심을 받기 어렵다고 생각하기 때문입니다. 그 중에 가장 현실적이면서 즉효를 가져올 수 있는 방법이 눈물입니다. 울음은 갓난아이들의 첫 세일즈라고 할 수 있습니다. 울음을 통해 밥도 얻어먹고, 사랑도 받고, 관심도 받으니까요. 이 울음의 변형이 청소년기의 반항이나 몸과 마음의 병으로 나타나게 되는 것입니다.

부모님, 친구, 선생님에게 관심을 받지 않아도, 칭찬을 받지 않아도 되는 세상에서 아이들이 살게 된다면 어떨까요? 관심, 사랑, 칭찬이 나 혼자서도 얻을 수 있게 되는 것이라면, 아이들의 삶은 어떻게 될까요? 아이가 스스로를 사랑하고 아끼는 마음을 배운다면 더할 나위 없이 건강한 어른으로 자랄 것입니다. 스스로의 삶을 개척하는 힘이 있는 아이로 말입니다.

❖ 자녀와 함께하는 마음훈련법

1. 부모님이 원하는 것을 할 수 있는 방법 5가지를 적어보세요.
   (5개를 적는 데 몇 초나 걸리는지 시간을 재보세요.)

   _____
   _____
   _____
   _____
   _____

   나는 '내가 원하는 것'과 '부모님이 원하는 것' 중 어떤 것에 더 관심이 있나요?

2. 자녀가 원하는 것을 해줄 수 있는 방법 5가지를 적어보세요.
   (같은 방법으로 시간을 재보세요.)

   _____
   _____
   _____
   _____
   _____

   나는 '내가 원하는 것'과 '자녀가 원하는 것' 중 어떤 것에 더 관심이 있나요?

아이가 꿈을 찾도록 돕고 싶다면

꿈이 없는 아이들이 많습니다. 난 뭐뭐가 될 거야, 이건 꿈이 아니거든요. 그런 꿈은 지금 당장 없어도 괜찮습니다. 많은 부모님들이 우리 아이는 꿈이 없다고 걱정합니다. 하지만 하고 싶은 일이 없다고 초조해할 필요는 없습니다. 내가 어떤 전공을 하고 싶은지, 내가 어떤 직업을 갖고 싶은지는 꿈이 아니기 때문입니다.

구체적인 꿈의 목록을 만들게 하세요

꿈은 소망하는 것입니다. 그것을 글로 적어보면 더욱 명확해집니다. 부모님이 갖고 있는 꿈의 목록을 적어보세요. 어디 여행을 가고 싶어, 자동차를 사고 싶어, 친구가 있었으면 좋겠어, 아이가 공부를 더 잘했으면 좋겠어…… 이런 것들, 사소한 것도 괜찮습니다. 원하는 것, 지금 느끼는 것, 바라는 것, 갖고 싶은 것 전부 하나씩 적어보세요. 그리고 그걸 이루기 위해 내가 뭘 하면 좋을지를 생각해보세요.

꿈은 그냥 꾸기만 하면 안 됩니다. 직접 목록을 쓰고 탐구하면서 그걸 이루기 위한 방법을 찾고 하나하나 이루어나가는 것입니다. 방향을 잡고 그 길로 걷다보면 현실이 바뀌고 상황이 바뀌게 됩니다. 그 과정에서 또 꿈이 바뀌기도 하지요.

직업이나 전공은 어른이 된 뒤에도 얼마든지 달라질 수 있습니다. 어른이 돼서 정해도 상관이 없다는 얘기죠. 아이가 살아가면서 우연히 본 책, 우연히 만난 사람 하나하나가 아이에게 영향을 미치고 아이가 원하는 바를 구체적으로 만들어줍니다. 많은 경험을 하고 공부를 하면서 상식과 지혜가 많아지면서 꿈이 달라지기도 합니다.

그러니 아이가 지금 꿈꾸는 일이 없다고 걱정하지 말고 아주 소소한 것부터 하나씩 적어보게 하세요. 꿈 목록을 작성할 때는 해보고 싶은 일, 읽고 싶은 책, 잘 하고 싶은 운동, 배우고 싶은 악기, 음악 듣기, 경험해 보고 싶은 어드벤처 등 구체적으로 작성하게 합니다. 작성한 후에 그 목록에 있는 것을 하나라도 이루려면 내가 당장 무엇부터 해야 하는지 곰곰이 생각해보는 겁니다.

꿈을 이루는 가장 좋은 방법은 목표를 세우고, 그 꿈을 향해 모든 것을 집중하는 것입니다. 그렇게 하면 단지 희망사항이었던 것이 '꿈의 목록'으로 바뀌고, 다시 그것이 '해야만 하는 일의 목록'으로 바뀌고, 마침내 '이루어 낸 목록'으로 바뀌게 되는 것입니다.

아이의 목표 달성을 응원하려면

목표를 달성하려면 일단 현실을 받아들여야 합니다. 아이의 현재 상태가 몇 점인지 보고 거기서 목표를 올려야 합니다. 아이가 지금 20등인데 이번 시험에서 당장 1등을 하길 바란다면 그건 힘든 일이지요.

아이의 위치, 아이가 처한 현실을 받아들여야 하고, 보다 현실적이면서 구체적인 목표를 세워야 합니다. 물론 목표를 크게 가지는 게 어떤 때는 좋을 수도 있습니다. 호랑이를 그리려 해야 고양이라도 그린다는 말이 있는 것처럼요. 하지만 매 순간을 그렇게 살다보면 너무 조급해서 힘이 들게 됩니다.

매 순간 2% 정성 더하기

공부하는 아이들을 가장 힘들게 하는 것은 목표입니다. 목표란 아직

닿지 못한 곳이죠. 자신이 있는 지금 이 위치에서 만족할 수 있는 방법을 찾아야 행복해질 수 있습니다. 행복해야 힘이 나고 목표에 다가갈 수 있는 에너지를 축적할 수 있습니다. 에너지도 없이 불행한 마음으로 목표를 이룰 것이라고 믿는 건 바보 같은 짓입니다.

자신의 현실을 받아들이는 방법은 목표를 떠나 매 순간 2% 정성을 더하는 것입니다. 어떤 공부를 하고 어떤 대학에 간다는 목표에서 벗어나 수업시간에 2%만 더 열심히 듣고 토론시간에 2%만 더 집중하고 친구들과 놀 때도 2% 더 재밌게 노는 것이죠.

50층 빌딩을 올라야 하는데 아이는 지금 1층에 있습니다. 50층이 너무 높으니까 가기가 싫습니다. 1등 하는 아이도 꼴등 하는 아이도 다 목표가 있습니다. 1등 하는 아이는 이미 30층 정도 올라가 있기 때문에 어느 정도 단련된 게 있을 겁니다. 20층만 더 올라가면 되니까 목표가 보이고 더 효과적으로 목표달성을 할 방법들을 보일 겁니다. 골도 넣어본 사람이 넣고 메달도 따본 사람이 따는 법이죠.

딱 한 칸만 더 올라가보기

문제는 1층에 있는 아이들입니다. 이 아이들은 50층이 두려워서 한 걸음도 엄두를 못 내죠. 그럴 때 50층을 가려고 마음먹으면 아예 시작을 할 수가 없습니다. 그럴 때는 단 한 계단만 올라가면 시야가 바뀝니다. 앉았다 일어나기만 해도 내 눈앞의 풍경이 바뀌는 것처럼 말입니다.

첫 번째 계단 한 칸, 아무것도 아닌 것 같지만 그것만 올라도 마음이 달라집니다. 그런데 보통 한 칸도 시작을 못하고 포기합니다. 그래서 딱 2%만 더 노력해보자는 것입니다. 딱 한 칸만 더 올라가는 것이죠. 어차피 잘하는 아이들은 나둬도 잘합니다. 못하는 아이들, 엄두도 못 내고 포기하려는 아이들을 그렇게 다독여서 한 칸 한 칸 오를 수 있게 도와주세요.

이런 노력들이 계속되다보면 나 자신이 조금씩 가벼워지고 정리되게 됩니다. 아이들이 힘겨워했던 것들도 이해하게 되고 두렵게 만들었던 것들도 받아들일 수 있는 여유가 생길 것입니다.

소심한 성격이 고민이라면

　소심하다는 것은 대담하지 못하고 조심성이 지나치게 많다는 뜻입니다. 사실 요즘 세상에 소심이라는 단어는 말하기도, 가슴에 담아두기도 불편한 말입니다. 소심의 친구 세심, 약함, 착함, 예민, 민감까지도 힘겹게 느껴지는 말들입니다. 내가 조금이라도 그런 단어들과 비슷한 구석이 있다는 생각이 들면 위축되고 작아지니까요.

　강하고 리더십이 있고, 긍정적이고 적극적이고, 사교적이어야만 세상살이에 편하고 유리하다고 우리는 배웠고 그렇게 알고 있습니다. 또 그렇게 되려고 늘 노력합니다. 하지만 반대로 소심하거나, 내성적이거나, 혼자 있는 것을 좋아하거나, 예민하다면 세상살이에 불리하다는 생각이 먼저 떠오릅니다.

　그런데 '소심'류의 단어가 꼭 필요한 직업들이 있습니다. 꼼꼼하고 예민하게 환자의 상태를 파악해야 하는 의사와 학생들의 마음을 읽어내고 세심하게 가르치는 교사도 그런 직업이라고 할 수 있습니다. 누구보다 예민하고 민감하고 세심해야만 환자들과 학생들에게 좋은 의사, 좋은 교사가 될 수 있을 것입니다. 이들은 소심하고 세심하며 예민하게 자신의 맡은 일에 열중할 때 깊이가 있어지고, 능력이 있다고 평가됩니다. '소심'의 가치를 보여주는 것이죠.

소심한 성격이 오히려 힘이 되는 일들

청소년 중에 마음의 병이 있거나 그로 인한 몸의 병이 있는 아이들은 소심한 성격인 경우가 많은 것이 사실입니다. 주변 사람들이나 관계에서 상처 받고 심지어 강하거나 적극적이지 못한 자신에게도 실망하거나 상처를 받을 수 있는 성격이기 때문이지요.

한의학적으로는 소음인으로 분류하는데, 이런 유형의 사람의 인류의 3분의 1이나 됩니다. 저도 소심류의 인간에 속합니다. 37살이 될 때까지 소심형 인간을 탈출하려고 갖은 노력을 하며 살았죠. 그 결과 이렇게 심리학을 연구하고 마음의 병을 치료하는 한의사로 살고 있지만, 저는 결국 '소심형 인간'을 벗어나지는 못했습니다.

스스로가 소심하다고 생각할 때, 아니 소심한 것이 나쁜 것이라고 생각할 때는 늘 불행감이 주변을 맴돌았습니다. 그래서 한 번 생각을 바꾸어 보기로 했죠. 바로 '소심도 힘이다'라는 생각으로 말입니다. 잘 생각해 보면 세상에는 연약할수록 그 값어치가 올라가는 것들이 있습니다. 또 세심할수록, 민감할수록 가치가 상승하는 것들도 의외로 많죠. 앞에서 예를 들었던 의사, 교사를 비롯해 세심하게 숫자들을 다루는 회계사나 나노 단위의 세포들을 다루는 연구원과 과학자, 순간순간 정성을 다해야 하는 요리사, 디자이너 등등 세심할수록 각광받는 직업은 생각보다 많습니다.

소심류 인간들이 이토록 세상에 기여하는 부분이 많음에도 불구하고 우리는 남들이 하는 얘기에만 집중합니다. 아무런 검증도 없이 말이지요. 강한 것이 운동선수에겐 좋을지 몰라도 의사에게는 섬세한 것만 못할 수 있죠. 회계사, 변호사는 더 꼼꼼하게 법률과 숫자를 따져야 더 인정받고 대우받을 수 있습니다. 이렇게 소심이 오히려 힘이 되는 일이 많다는 것은 알게 되면 소심한 아이들의 어깨도 쫙 펴지지 않을까요?

타고난 성향에 맞는 일을 찾게 도와주세요

우리에게는 그리고 나의 소중한 자녀에게는 각자 하늘이 준 본성이란 게 있습니다.

『중용』에는 천명지위성 솔성지위도(天命之謂性 率性之謂道)라는 문구가 있습니다. '하늘에서 내린 명을 성이라 하고, 이 본성을 따라 사는 것을 도라고 한다'는 뜻인데요, 사람은 저마다 타고난 본성과 성질이 있기 마련이니 그에 따라 살아야 한다는 이야기입니다.

획일성에서 벗어나 여유를 가지고 바라본다면 우리 아이의 소심함도 재능일 수 있다는 사실에 눈뜨게 될 것입니다. 부모님께서 먼저 이것을 인정하고 가치 있게 바라봐주셔야만 아이도 스스로의 소심함을 재능이라 여기고 더 개발하는 데 집중할 수 있습니다. 자신이 더 잘할 수 있는 것, 자신에게 맞는 것을 찾는 데 더 많은 시간을 보내고 노력해도 모자랄 시간에 타고나지도 않은 강함을 흉내 내느라 시간을 허비하는 것은 정말 못난 짓이 아닐 수 없습니다.

자녀의 타고난 성향에 맞는 일을 찾으면 좀 더 효율적으로 세상을 살아갈 수 있습니다. 아이가 어떤 성향을 가지고 있는지 어떤 성품을 가졌는지 찬찬히 탐구해보시길 바랍니다.

❖ **자녀와 함께하는 마음훈련법 ❶**

1. 나는 어떤 성격을 가지고 있나요?
2. 나는 어떤 성격의 사람으로 살아가고 싶나요?

❖ **자녀와 함께하는 마음훈련법 ❷**

1. 소심한 것을 인정한다.
2. 가볍게 자신의 상황, 감정, 기분을 표현하는 연습을 해본다.
3. 내가 남보다 더 잘할 수 있는 일이 무엇인지 생각해본다.

이기적인 마음을 고쳐주려면

먼저 알아야 할 것은 이기적인 마음은 나쁜 게 아니라는 사실입니다. 욕심이 있고 욕망이 있으니 문명이 발전하고 인간이 이렇게 잘 살게 된 것이죠. 그런데 그 욕심이 너무 지나쳐서 다른 사람에게 피해를 입히고 세련되지 못하게 표현될 때 문제가 되는 것입니다.

마음의 허기에서 시작되는 이기심

나만 생각하는 이기적인 마음의 기저에는 '마음의 허기'가 도사리고 있습니다. 허기(虛飢, 虛氣)는 몹시 굶어 배고픈 느낌, 속이 비어 허전한 기운 등으로 쓰이는 말인데요, 음식으로 채워지는 허기가 있는가 하면 사랑이나 관심 등 감정적인 부분으로 채울 수 있는 허기가 있습니다.

마음의 허기를 느끼는 아이에게 절제력이나 자제력을 요구하는 것은 치료 방법이 되지 못합니다. 그보다 앞서 허기를 느끼게 된 감정적인 원인을 찾아야 합니다. 그리고 그 마음으로 느끼는 허기를 채워줄 방법이나 사랑, 관심 등을 제시해줘야 합니다.

허기는 하나의 감정입니다. 피해의식이라고도 할 수 있습니다. 예를 들어 '나는 가지지 못했다'라고 생각한다면 이 말에는 동시에 '너는 가졌다' '그래서 네가 더 유리하다'라는 생각들을 내포합니다. 어렵게 생각될 수 있지만 이 논리는 인생 전반에 걸쳐 통용됩니다. 어떤 일을 당하든 어떤 상황을 마주하든 우리는 '허기'라는 틀을 통해 세상을 봅니다. 삶을 늘 허기의 관점에서 시작하는 것이죠.

아이들은 언제나 공부를 더 잘하는 친구를 보면서 '왜 난 저 애만큼 못할까?'에 집중합니다. 혹은 성공한 연예인을 모델로 '꼭 저렇게 유명한 사람이 되어야지'라고 목표를 세우기도 하죠. 그래서 지금은 늘 부족하다는 생각에 배가 고픕니다. 그렇게 열심히 앞을 보고 달려 목표를 달성해도 기쁨은 잠시뿐 다시 높은 목표가 생기며 허기가 지기 시작합니다.

부모의 허기를 덜어내는 것이 먼저

세상이 발전하면서 심리적 허기는 늘어날 수밖에 없습니다. '나는 B급 대학 다니는데 쟤는 A급 대학 다녀' 그런 식으로 계속 모자란 점만 눈에 들어옵니다. 그걸 이뤄놓으면 또 '나는 20평 사는데 쟤는 30평 산다' 그렇게 계속 삶에서 모자란 점을 찾게 되는 것이죠. 이루고 싶고 가지고 싶은 심리적 허기가 욕심의 원인이 되고 이기심의 발로가 됩니다.

이 심리적 허기를 채워야만 이기적인 마음을 고칠 수 있습니다. 가장 효과적인 건 부모님이 "2등만 해도 돼, 괜찮아"라는 말을 계속 해주는 것입니다. 청소년기의 욕심이나 목표는 부모님의 것을 그대로 영향 받는 경우가 많습니다. 부모님이 1등을 원하니까 1등을 하고 싶고 좋은 대학에 가라고 하니까 가고 싶어 하는 경우가 많습니다. 부모님의 허기를 아이가 같이 느끼는 것이지요.

지금 우리 아이의 상태를 객관적으로 파악하고 받아들이는 마음이 필요합니다. 혹은 공부는 좀 못하지만 이렇게 착하고 건강하게 자라준 것만도, 혹은 다른 재능을 가진 것으로도 감사할 줄 아는 부모가 된다면 아이가 심리적 허기를 느끼고 그것을 채우려고 남의 것을 탐내고 뺏는 이기적인 마음을 줄일 수 있습니다.

심리적 허기의 기저에는 생존에 대한 불안이 잠재되어 있습니다. 이걸 가져야만 내가 유리하고 효과적인 삶을 살 수 있다고 생각하기 때문입니다. 자신의 위치를 자신이 바라보고 여유를 가지는 게 중요합니다. 또한 다른 사람을 억지로라도 도와주는 것도 도움이 됩니다.

봉사는 좋은 훈련이 됩니다. 유기견을 돌보면서 사랑하는 마음, 나눠주는 마음을 직접 경험하게 하는 것도 공부만큼이나 매우 중요한 감성교육이 될 수 있습니다. 몸과 마음은 하나라는 한의학적 원리에 입각하면 영양 잡힌 식단과 운동으로 신체적으로 건강해지는 것도 매우 중요합니다. 신체가 건강할 때 심리적 허기도 자연히 채워지기 때문입니다.

주변상황에 흔들리지 않는 아이로 키우려면

'나'란 무엇일까요? 상상을 하면서 읽어보시기 바랍니다. 일출을 본 적이 있으세요? 누군가 싸우는 장면은? 누군가가 맞는 장면은? 일출을 볼 때 사람의 마음은 밝아지고 희망이 생기고 힘이 나는 것이 보통입니다. 반면 일몰을 볼 때는 조금 우울해지거나 슬퍼집니다. 누군가 싸우는 장면을 보면서 기분이 좋고 밝아지는 사람은 별로 없을 것입니다.

대개 싸움이란 불균형이자 대항입니다. 이기는 자와 지는 자 사이에서 우리는 객관성을 유지하려 애쓰기도 합니다. 하지만 싸우는 과정에서 누군가 맞는 장면을 보았다면 어떻게 하든 약자를 강자에게서 구하고 싶은 충동을 갖게 될 것입니다.

회사에서 승진을 하거나 칭찬을 받으면 일출을 볼 때처럼 기분이 좋아집니다. 희망도 생기고, 사는 의미가 충만하게 느껴집니다. 그러나

회사에서 오해를 받고 욕만 먹으면 괴롭지요. 사는 의미나 희망도 없고 살기도 싫어집니다. 그렇다면 진정 나는 누구일까요? 나는 그냥 상황에 반응하는 존재일 뿐인 걸까요? 만일 상황들이 없다면, 오직 지구상에서 유일한 나만 존재한다면 어떻게 변할까요?

상황에 반응하는 나

현실의 나는 상황에 반응하는 나입니다. 관계 속에서 정해진 나라는 얘기죠. 우울증 환자가 아닌 이상, 환하게 떠오르는 일출을 보며 좌절이나 슬픔을 느끼는 사람이 있을까요? 오랫동안 준비해온 시험에 낙방하고도 기뻐하는 사람은요?

알고 보면 우리는 모두 우리가 겪는 상황에 따라, 그리고 그 상황을 바라보는 나의 만족도에 따라 반응하고 감정을 느낍니다. 극단적인 예를 들어보겠습니다.

우리 주변에는 100% 만족스러운 상황부터 0% 만족하는 상황까지 다양하게 있습니다.

100% 만족 ———————	100% 기쁨 + 0% 슬픔 ☺
80% 만족 ———————	80% 기쁨 + 20% 슬픔 😐
50% 만족 ———————	50% 기쁨 + 50% 슬픔 ☹
0% 만족 ———————	0% 기쁨 + 100% 슬픔 😣

100% 만족스러운 경우라면 100%의 기쁨을 느끼겠죠.

50% 정도 적당히 만족스러운 상황이라면 절반쯤은 기쁘기도, 절반쯤은 슬프기도 할 것입니다.

그런데 나는 정말 이렇게 상황에 따라서만 정확히 반응하는 존재일까요? 논리로는 그런 것 같아도 나는 뭔가 다른 존재일 것 같은데 하는 생각이 듭니다.

지켜보는 나

다른 설정을 해보겠습니다. 상황에 반응하는 존재가 아닌 '지켜보는 존재'가 되어보겠습니다. 100% 만족의 상황도, 0% 만족의 상황도 그저 지켜만 봅니다. 마음을 내려놓고 '뭐, 그럴 수도 있지'라며 그냥 지켜보는 것이죠.

사실 이것은 어려운 일입니다. 익숙하지 않기 때문입니다. 반응하는 나와 지켜보는 나는 어떻게 다를까요? 지켜보는 존재가 되면 상황에 영향을 덜 받고 기쁘거나 슬픈 상황들을 스스로 만들어 낼 수 있게 됩니다. 상황들은 내가 아닙니다. 지켜보는 나를 깊이 탐구하면 진정한 나를 알아갈 수 있습니다.

이제 다시 상상해 보겠습니다. 상황에서 분리된 나, 유일한 나에 대한 느낌은 어떤가요? 우리의 중심에는 항상 상황들이 존재했습니다. 벤츠 타고 다니는 나, 강남에 사는 나, 서울대를 나온 나, 돈 많은 나, 예쁜 나, 버스를 타는 나, 지하에 사는 나, 고등학교를 중퇴한 나, 돈도 없고 백도 없는 나, 내가 보기도 싫은 나와 같이 말이죠.

우리는 늘 상황을 바꾸고자 노력했습니다. 내 힘겨움의 90%는 상황을 바꾸고자 하는 노력에서 오는 것입니다. 진정한 나, 상황과 관련 없는 나에 대해 탐구가 이루어진다면 위의 상황들에서 나를 분리할 수 있고 이렇게 되면 '나'를 중심에 놓을 수 있게 됩니다.

나는 분명 상황들보다 상위 개념입니다. 상황에 반응하는 나 이전에 이미 나인 것입니다. 상황에 2%만 덜 반응해도 삶이 20% 가벼워질 수 있습니다.

10대의 속마음

초판 1쇄 발행 2017년 6월 12일
지은이 임형택　　**발행인** 김난희

펴낸곳 도어북
주소 서울시 마포구 방울내로7길 45 (우)03955　대표전화 02-338-0117　팩스 02-338-7160
출판등록 2008년 4월 23일 제 313-2009-170호

ⓒ 임형택, 2017
ISBN 978-89-962997-9-0 13180

일원화 공급처 (주)북새통
주소 서울시 마포구 방울내로7길 45 (우)03955
전화 02-338-0117
팩스 02-338-7160

- 이 책은 도어북이 저작권자와의 계약에 따라 발행한 것으로, 본사의 서면 허락 없이는 어떠한 형태나 수단으로도 이 책의 내용을 이용할 수 없습니다.
- 잘못된 책은 구입한 서점에서 교환해 드립니다.